당신도
무역을
할수있다

당신도 무역을 할 수 있다

이기찬 지음

중앙경제평론사

사랑하는 나의 어머니
故 李淑濟님의 영전에
이 책을 바칩니다

2차 개정판을 내면서

2003년도에 처음 출간된 이래 독자들의 꾸준한 사랑을 받아온 이 책의 2차 개정판을 내게 된 것을 기쁘게 생각한다.

이번 개정판에서는 2011년부터 발효된 '인코텀즈 2010'을 반영하여 관련 내용을 전면 수정하였으며, 그 외 무역관련 용어나 절차부분에 대한 설명 중 애매하거나 미흡했던 부분을 보완하였다. 또한 수출입 실전사례에 포함된 무역서식을 새로운 양식으로 작성하여 실전에서 활용하는데 어려움이 없도록 하였다.

이 책은 처음 무역에 입문하는 사람들에게 자신감을 심어주기 위해서 쓴 책이다. 무역은 학교에서 배우는 것처럼 복잡하거나 어려운 것만은 아니며 실제로 현장에서 일해 보면 무역처럼 재미있고 성취감을 느낄 수 있는 일도 드물다는 것을 깨닫게 될 것이다.

무역에 관심은 있으나 무역은 어려울 것이라는 선입견 때문에 무역에 입문하기를 주저하는 사람들은 이 책을 통해서 무역업무의 전체적인 흐름을 이해하고 무역현장의 다양한 모습을 접함으로써 좀더 편한 마음으로 무역에 입문할 수 있을 것이다.

아무쪼록 이 책이 무역에 대한 두려움을 없애고 누구나 마음만 먹으면 무역을 할 수 있다는 자신감을 심어줄 수 있기를 기대해 본다.

2012년 이기찬

책머리에

《오퍼상이나 해볼까?》 라는 책을 펴낸 후 많은 독자들로부터 이메일을 받았다. 오퍼상을 하기로 결심을 했는데 막상 시작하려고 하니 무역업무에 대해서 아는 것이 없어서 막연하다는 내용이 많았다.

책 속에 오퍼상이 알아야 할 기본적인 무역실무 지식에 대해서 설명해 놓았다고 했지만 아무래도 그 정도의 짤막한 설명만으로는 불안해하는 것 같았다. 시중에 나와 있는 대부분의 무역실무 책에는 엄청나게 많은 무역용어와 절차에 대한 설명이 들어있는데 몇 십 페이지에 불과한 설명만으로 무역 전반을 다룬다는 것이 믿어지지 않았던 모양이다.

이 책은 그런 독자들을 포함해서 평소 무역에 관심은 있지만 왠지 무역하면 어려울 것 같고 상당한 전문지식이 있어야 한다는 선입견 때문에 선뜻 무역에 입문하지 못하는 예비창업자들을 대상으로 쓴 전혀 새로운 형태의 무역입문서이다.

기존에 출간된 무역실무 책에 나오는 용어나 절차 중에는 실제로 무역업무를 처리하는 데 필요하지 않은 부분이 많이 포함되어 있다. 대표적인 것이 운송, 보험, 통관 등인데 이런 업무는 무역업자가 직접 처리하는 것이 아니고 복합운송주선업자, 보험회사, 관세사 등이 업무를 대행해주기 때문에 무역업자로서는 기본적인 용어 몇 마디만 이해하고 해당업체에서 요구하는 서류만 준비해서 전달해주면 된다. 굳이 무역실무 책에 나오는 복잡한 용어나 절차를 전부 이해하느라 애쓸 필요가 없는 것이다.

무역거래에 있어 중요한 부분을 차지하는 거래조건, 결제방식, 신용장 등과 관련해서도 기존의 무역실무 책들은 실제 무역거래에서는 거의 쓰이지 않는 용어들까지 망라하고 있어서 공연히 무역이 어렵다는 선입견을 불러일으키게 한다. 특히 현실적으로 다양한 거래조건을 소화할 능력이 없는 개인창업자들로서는 실제로 사용하지도 않을 용어들을 익히느라 아까운 시간을 낭비하는 셈이다.

물론 학교에서 무역을 전공하거나 시험을 치를 목적으로 무역실무를 배운다면 앞서 언급한 무역용어나 절차들을 빠짐없이 공부하는 것이 필요하다. 하지만 실제로 무역업무를 수행하는 데 필요한 용어나 절차를 익힐 목적이라면 관련업체에서 대행해주는 업무나 현장에서 사용할 가능성이 희박한 용어, 절차에 연연해 할 필요가 없다. 그보다는 무역의 대상이 되는 아이템이나 해외거래처를 어떻게 찾아내서 어떤 방식으로 계약을 체결하느냐가 더 중요한 대목이 아닐 수 없다.

이 책은 내가 오랫동안 무역현장에서 일한 경험을 바탕으로 새로 무역에 입문하려는 예비창업자들에게 무역에 대한 이해를 돕고 실제로 무역업무를 수행하는 데 필요한 실무지식을 전달하기 위해서 쓴 것이다. 부디 이 책이 '학문을 위한 무역실무'가 아닌 그야말로 '실무를 위한 무역실무'를 배우고자 하는 예비창업자들에게 많은 도움이 되기를 바란다.

2003년 이기찬

Part 2 무역에의 입문

Part 3 단계별 무역업무

Part 4 운송 · 통관 · 보험업무

Part 5 무역영어의 이해

Part 6 수출입 실전사례

Part 7 무역 초보자를 위한 어드바이스

Part 1
무역칼럼

↘ **사업으로서의 무역**

무역이 없이는 단 하루도 살 수 없는 세상

우리가 알든 모르든 우리는 무역이 없이는 단 하루도 살 수 없는 세상에서 살고 있다. 원자재나 산업용설비는 물론이고 의식주의 상당 부분을 수입에 의존하고 있으며 우리나라 경제에서 수출이 차지하고 있는 비중또한 만만치 않다. 우리나라뿐만 아니라 세계 어느 나라도 다른 나라와의 무역이 없이는 살아가기가 힘들 정도로 무역의 역할이 막중해졌다.

무역이 없다면 어떤 일이 벌어질까? 우리나라와 같이 석유를 수입에 의존해야 하는 나라에서는 아무리 많은 자동차를 만들어봤자 길거리에세워두고 걸어다닐 수밖에 없을 것이고 사우디를 비롯한 중동의 산유국들은 남아도는 석유에도 불구하고 자동차 없이 살아가야 하는 불편을감수해야 할 것이다. 펄프가 나지 않는 나라에서는 종이를 구하지 못해서 난리가 날 것이며 비누나 치약과 같은 기초적인 생활용품조차 구할 수 없는 나라도 생겨날 것이다. 그뿐인가? 식량을 자급자족할 수 있는 몇몇 나라들을 제외하고는 먹고 살 걱정에 잠을 이루지 못하고, 의약품을 구하지 못해 환자를 제대로 돌볼 수 없는 나라도 생겨날 것이다. 그야말로 비극이 아닐 수 없다.

예전에 국가간의 무역이 활발하지 않았을 때는 자체적으로 조달 가능한 자원을 가지고 생존하는 방법을 터득하거나 나라마다 자급자족에 필요한 최소한의 산업을 유지시키려는 노력을 게을리 하지 않았다. 하지만 국가간의 교역이 활발해지면서 각자 비교우위에 있는 산업을 집중해서 육성한 결과 경쟁력이 없는 산업은 도태될 수밖에 없었고 다른 나라와의 무역 없이는 점점 더 살기 힘든 세상이 되고 만 것이다.

무역에 강한 나라

굳이 복잡한 통계자료를 들먹이지 않더라도 우리나라 경제에서 무역이 차지하는 비중이 지대하다는 것은 미루어 짐작할 수 있다. 우리나라에서 자체적으로 조달할 수 없거나 수요를 충족시킬 수 없는 원자재나 농수산물에서부터 산업용 설비에 이르기까지 수입에 의존해야 하는 품목들이 적지 않을뿐더러 수출을 하지 않고서는 생산시설을 유지하기가 힘들 정도로 국내기업들의 수출의존도도 갈수록 높아지고 있다.

우리나라와 같이 좁은 땅덩어리에서 많은 사람들이 함께 살아가야 하는 인구밀집 국가로서는 수출시장을 개척하는 것이 국내시장을 육성하는 것 못지않게 중요한 과제가 아닐 수 없다. 국내시장만을 대상으로 산업시설을 유지하다가는 인구의 상당수가 일자리를 잃을 수밖에 없으며 국내산업의 경쟁력이 저하되고 외국상품의 유입을 불러일으켜서 국내 생산시설이 축소되는 악순환이 되풀이 될 것이기 때문이다.

일찍부터 수출을 장려하는 정책을 견지한 덕분에 우리나라의 수출경쟁력은 상당한 수준에 도달해 있다. 이는 비단 물건의 품질이나 가격경쟁력에만 국한된 것이 아니고 수출산업에 종사하는 전문인력의 수준도 홍콩, 싱가포르, 네덜란드 등과 같이 중계무역이 활발한 국가들과 전통적으로 무역마인드가 강한 독일이나 스위스와 같은 일부 서유럽국가를 제외하고는 세계 어디에 내놓아도 꿀리지 않을 정도로 상당한 수준에 올라 있다.

또 우리나라의 국제경쟁력이 강화되고 소득수준이 지속적으로 향상됨에 따라 우리나라 시장이 해외기업들의 주요한 공략대상으로 부상하고 있다. 수출과 수입을 망라한 전반적인 무역환경이 우리나라를 무역강국의 반열에 오를 수 있는 계기를 마련해준 것이다.

무역거래 규모 면에서 아직은 우리를 훨씬 앞서 있는 미국이나 일본의 경우에도 무역에 대한 사회적 관심이나 무역에 종사하는 전문인력의 수준에 있어서는 오히려 우리나라에 뒤처져 있다는 시각도 있다. 미국의 경우 워낙 자체시장 규모가 커서 굳이 수출에 주력할 필요성을 느끼지 못하는 기업이 많으며, 일본의 경우에도 일부 무역상사들을 제외하고는 전문적인 무역인력의 양성에 소홀한 경우가 많다.

우리나라에서는 1970년대 제3공화국 시절에 강력하게 추진했던 수출드라이브 정책에 힘입어 한때 종합무역상사가 젊은이들이 선호하는 직장 1순위에 오를 정도로 무역, 특히 수출에 대한 관심이 지대하였다. 그러나 1990년대 들어 무역의 흑자기조가 정착되고 반도체나 자동차 같은 일부 품목의 수출비중이 지나치게 커지면서 오히려 전반적인 수출시장개척에 대한 관심과 열의는 식어버린 느낌도 있다.

한편 1980년대 후반부터 시작된 본격적인 시장개방이 수입에 대한 관심을 고조시켰으며, 무역하면 무조건 수출만 떠올리는 잘못된 선입견을 불식시키는 계기를 마련해주기도 했다.

우리나라와 같이 부존자원이 적고 국내시장이 크지 않은 나라에서는 수입과 수출을 균형 있게 발전시키는 것이 무엇보다 중요하다. 무조건 수출만 많이 해야 된다든가 수입을 하는 것은 국가경제에 해를 끼친다는 식의 편향된 인식을 가지고는 국제화시대에 올바르게 적응하기 힘들다. 무역에 대한 올바른 지식과 끊임없는 관심이야말로 우리나라의 경제를 지속적으로 발전시켜 나갈 수 있는 원동력이 될 것이다.

우리나라가 무역에 강한 이유

변변한 부존자원도 없고 산업경쟁력에서도 내세울 것이 없던 우리나라가 일찍부터 무역강국의 대열에 낄 수 있었던 가장 큰 요인 중의 하나는 높은 교육수준에 힘입어서 무역전문인력의 양성이 용이했다는 것이다.

실제로 우리나라가 개발도상국가의 딱지를 떼지 못했던 시절에도 우리나라의 교육열만큼은 세계 어느 나라와 견주어도 뒤지지 않을 정도로 대단해서 땅 팔고 집 팔아서라도 자식교육만큼은 시켜야 한다는 의식이 팽배해 있었다. 덕분에 고급전문인력의 양성이 용이했고 무역부문에도 고급인력이 활발하게 유입될 수 있었다.

특히 1970년대 강력하게 추진됐던 수출드라이브 정책은 우수한 인력들이 무역에 입문하게 되는 계기를 마련해 주었고 결과적으로 우리나라의 수출경쟁력을 높이는 데 크게 이바지하였다. 무역은 결국 사람에 의해서 행해지는 것이기 때문에 무역에 종사하는 사람들의 수준이 높을수록 수출경쟁력이 높아지는 것은 지극히 당연한 귀결이 아닐 수 없다.

우리나라가 무역에 강할 수 있었던 또 하나의 요인은 우리나라와 주변국가와의 지리적 · 경제적인 관계에서 찾아볼 수 있다. 즉 한동안 세계무역시장을 지배하다시피한 일본과 지리적 · 경제적으로 밀접한 관계를 유지하고 있었던 덕분에 일본의 기술력과 우리나라의 노동력을 접목시키는 방식으로 초기수출시장 개척에 나설 수 있었고, 중국의 개방과 더불어 우리나라의 기술력과 중국의 노동력을 접목시키는 방식으로 수출시장을 확대할 수 있었다.

뭐니뭐니해도 우리나라가 무역에 강할 수밖에 없는 이유는 주요원자재가 부족해서 수입에 의존할 수밖에 없고 주요생산품의 국내시장이 협소해서 해외수출시장의 개척이 필연적이기 때문이다. 만약 우리나라가 자원이 풍부해서 외국으로부터의 수입수요가 크지 않고, 적극적인 해외시장개척이 필요하지 않을 정도로 주요생산품의 국내시장 규모가 충분하다면 우리나라의 무역이 오늘날과 같이 발전하지 못했을지도 모른다.

우리나라 상품이 세계 구석구석까지 팔려나가고 세계 유수의 메이커들이 우리나라 시장을 무시할 수 없을 정도로 수입시장의 규모 또한 크게 성장한 이면에는 우리나라가 처한 대외 의존적인 경제환경 하에서 수입과 수출의 균형 있는 발전을 위해 땀 흘린 무역 역군들의 숨은 노력이 기여한 바 크다.

종합무역상사 – 무역에 젊음을 바친 사람들

지금도 우리나라 젊은이들 중에 무역에 관심을 갖고 있는 사람들이 많고 무역관련 학문을 공부하거나 무역의 일선에서 뛰고 있는 사람들도 많지만 1970년대 한창 무역이 인기를 끌었을 때에 비하면 그 열기가 많이 식었다는 느낌을 지울 수가 없다.

나는 직장생활을 1970년대 후반에 율산실업이라는 종합무역상사에서 시작하였다. 지금은 회사가 없어져서 이름조차 기억하지 못하는 사람이 많지만 내가 입사할 때만 하더라도 유례를 찾아보기 힘들 정도의 초고속으로 사세를 확장해 나가고 있었다.

그 당시에는 수출만이 살길이라는 소위 수출지상주의가 팽배해 있던 시절이라 외국에서 받은 신용장만 있으면 자기 돈 한 푼 안 들이고 사업을 확장할 수 있을 정도로 각종 수출장려정책이 시행되고 있었다. 신선호 회장이 약관 이십대에 율산실업이라는 오퍼상을 창업한 지 불과 4년

만에 건설, 전자, 해운, 중공업을 망라한 14개 계열사를 거느린 재벌총수의 자리에까지 올라선 것은 이와 같은 수출장려정책에 힘입은바 크다고 볼 수 있다.

내가 율산실업에 근무할 때는 잠자는 시간만을 빼고는 온종일 일에 매달릴 정도로 일 중독에 빠져 있었다. 워낙 회사가 급성장을 하다 보니 정해진 근무시간에 일하는 것만으로는 밀려드는 일거리를 감당할 길이 없었다. 회사식당에서 하루 세 끼를 다 제공해주었으므로 새벽에 출근해서 아침식사를 해결하고 온종일 일과 씨름을 하다가 회사에서 제공하는 저녁식사 후에 밤늦게까지 사무실을 지키는 것이 일과처럼 되어버렸다.

해외에서 바이어라도 들어오면 다른 회사에 뺏기지 않으려고 온종일 찰거머리처럼 붙어 다녔다. 그때는 통행금지가 시행되던 시절이라 밤늦게까지 바이어를 접대하다 통행금지에 걸려 오도가도 못하다가 새벽 4시에 통행금지가 풀리면 회사근처의 여인숙에 가서 잠시 눈을 붙이고 출근한 적도 많았다. 그렇게 일에 치여서 살면서도 누구 하나 불평하는 사람이 없었다. 누가 시켜서 억지로 일하는 것이 아니고 자기 스스로 일하겠다는 의욕에 불타서 뛰어다녔기 때문이다.

그때는 회사끼리는 물론 부서간 개인간 실적경쟁이 치열해서 누가 수출실적을 더 쌓느냐에 따라서 희비가 엇갈렸다. 수출실적이 우수한 회사들에게 종합상사라는 타이틀을 부여하고 세제나 금융상 엄청난 혜택을 주었으므로 기존에 종합상사로 지정받은 회사들은 타이틀을 지키기 위해서, 아직 종합상사 타이틀을 획득하지 못한 회사에서는 타이틀을 따기 위해서 각 부서간 개인간의 수출실적 경쟁을 유도할 수밖에 없었다. 그야말로 총소리만 들리지 않았지 전쟁터와 다름없는 상황이었다. 그리고 그 전쟁터에서 살아남기 위해서는 남보다 조금이라도 더 열심히 뛰어다닐 수밖에 없었다.

이제는 수출에 대한 무조건적인 지원도 기대할 수 없고 실적위주의 경영에서도 탈피해서 1970년대 종합상사 사무실에서 느꼈던 뜨거운 열기를 느끼기가 힘들게 되었지만 가끔씩 그 때 함께 수출입국을 위해 젊음을 불태웠던 전우(?)들이 어디서 무엇을 하고 있는지 궁금해지기도 한다.

자유무역지대로의 업그레이드

홍콩이나 싱가포르에 가보면 별다른 산업시설이 없는데도 불구하고 무역규모가 엄청난 것에 놀라게 된다. 만일 무역을 자기나라에서 만든 물건만을 외국에 팔거나 자기나라에서 소비하는 물건만을 외국에서 수입하는 것이라고 정의한다면 홍콩이나 싱가포르의 무역액은 지금의 절반에도 미치지 못할 것이다.

놀랍게도 홍콩이나 싱가포르의 무역액의 상당부문은 소위 중계무역이라는 분류에 속해있다. 즉 A라는 나라로부터 물건을 수입해서 B라는 나라로 수출하는 것이다. 언뜻 생각하면 A라는 나라에서 B라는 나라로 직접 수출하면 될 것 같은데 왜 홍콩이나 싱가포르를 거쳐서 물건을 사고파는지 의아한 생각이 들기도 할 것이다. 중간에 홍콩이나 싱가포르를 경유해서 물건을 사고팔게 되면 그만큼 가격이 높아질 것이라는 우려가 생기기도 한다.

하지만 홍콩이나 싱가포르를 경유하는 중계무역의 실상을 들여다보면 이런 의문점들은 쉽게 풀어진다. 우선 홍콩이나 싱가포르를 통해서 거래를 하면 직접 거래를 하는 것보다 일하는 것도 편하고 거래상의 안전도 확보할 수가 있다.

실례로 중국시장이 처음 개방되었을 때 대부분의 서방국가들은 중국회사들과 직접 거래하는 것보다는 홍콩회사들을 통해서 거래하는 중계무역방식을 선호했다. 무역절차에 밝고 신용도가 높은 홍콩의 회사를 통해서 업무를 진행함으로써 거래상의 안전도 확보하고 업무의 흐름도 효율적으로 유지할 수 있었기 때문이다. 싱가포르를 통해서 인도네시아나 말레이시아 시장에 진출하는 것도 같은 이유에서다.

홍콩이나 싱가포르를 경유해서 물건을 보내고 받는 것이 시간과 비용 면에서 이익이 될 수 있다는 것이 또 다른 이유가 될 수 있다. 예를 들어 우리나라와 교역이 활발하지 않은 서남아시아에 물건을 실을 때 직접 서남아시아 업체와 거래를 하려면 물건을 운반할 배편이 자주 없고 운임이 상대적으로 비싸서 손해를 볼 수도 있는데 홍콩이나 싱가포르를 경유해서 거래를 하면 이런 문제들이 모두 해결된다. 알다시피 홍콩이나 싱가포르는 자유무역항으로서 수입화물에 대한 관세를 물리지 않으므로 경유한다고 해도 특별히 가격상승요인이 없다.

무엇보다도 홍콩이나 싱가포르가 중계무역항으로 떠오르게 된 데는 우수한 전문인력들이 무역의 전 과정을 매끄럽게 조율해주기 때문이다.

국가간 거래를 함에 있어 서로 믿고 일할 수 있다는 것만큼 중요한 것도 없다. 그런 뜻에서 보면 홍콩과 싱가포르를 경유하는 거래가 비록 약간의 문제점이 있을지라도 거래당사자 모두에게 도움이 된다는 것은 분명하다.

그럼 우리나라가 홍콩이나 싱가포르의 역할을 대신할 수는 없을까? 충분히 검토해볼 가치가 있는 사안이다. 만일 우리나라가 홍콩이나 싱가포르와 같은 중계무역항의 입지를 굳힐 수만 있다면 우리나라 경제가 또 한번 도약할 수 있는 계기가 마련될 것이다.

우리나라가 홍콩이나 싱가포르 같은 중계무역항으로 도약할 수 있는 조건은 충분하다. 우선 세계 경제에서 중요한 역할을 하는 일본과 중국을 연결하는 지리적 경제적인 이점을 적극 활용한다면 충분히 승산이 있는 구상이다. 문제는 완전한 자유무역항이 되기 위한 정책적인 지원과 전문인력의 확충이다. 우리나라 전역이 아니고 영종도나 제주도에 국한한 자유무역지대의 설치는 얼마든지 가능한 얘기다.

중요한 것은 형식적인 자유무역지대가 아닌 완전한 의미의 자유무역지대로 운영해야 한다는 것이다. 즉 자유무역지대에서는 마약과 같은 반사회적인 아이템을 제외하고는 어떠한 아이템의 수출입도 허용하여야 하며, 어떠한 명목의 관세도 부과하지 않으며, 어떤 이유로도 외화의 교환과 이용을 제한해서는 안 된다.

여기에 덧붙여 적극적으로 외국기업을 유치하고 자유무역지대에 한해서 영어를 공용어로 하는 방안도 검토되어야 한다. 전문인력은 우리나라 자체적으로 확보하는 데도 큰 어려움이 없겠지만 자유무역지대에 한해 외국인력의 자유로운 진입을 허용하는 방안도 검토해 볼 만하다.

자유무역지대를 운영하는 데 따른 문제점 또한 만만치 않지만 무역강국으로서의 우리나라의 위치를 한 단계 더 업그레이드시키기 위해서라도 보다 적극적인 검토가 필요한 시점이다.

국제 에이전트로서의 자부심

내가 이제까지 무역일을 해오면서 가장 보람을 느끼는 것은 10년 넘게 이탈리아 업체의 동남아 에이전트로 활동하고 있다는 것이다. 이탈리아 본사를 대신해서 한국은 물론 일본, 중국, 대만을 포함한 동남아시아 전체 시장을 개척하고 관리하는 일종의 지역사무소 역할을 하는 것으로서 주로 홍콩이나 싱가포르에서 하는 일을 한국에서 맡고 있다는 것에 자부심을 가지고 있다.

나는 이탈리아 사람들을 좋아한다. 같은 유럽국가이면서도 지나치게 이성적이어서 쉽게 마음을 터놓을 수 없는 영국이나 독일 사람들과는 달리 이탈리아 사람들은 가식이 없고 있는 그대로를 표현하며 왠지 모르게 인간의 정을 느낄 수 있기 때문이다.

이러한 차이는 비즈니스를 할 때도 확연히 드러나기 마련이어서 영국이나 독일 업체를 상대할 때는 상당한 시간과 노력을 기울이지 않고서는 그들의 속마음을 파악하기가 힘든 데 반해서 이탈리아 업체와의 상담은 처음부터 터놓고 진행할 수 있다.

영국이나 독일 사람들이 속으로 무슨 생각을 하고 있는지 종잡기 힘든 경우가 많지만, 이탈리아 사람들은 조금 얘기하다보면 금세 자신들의 단점까지도 숨김없이 내보인다. 이러한 이탈리아식 비즈니스 관행 때문에 새로운 시장을 개척하는 데 어려움을 겪기도 한다.

예를 들어 영국이나 독일 업체의 경우에는 수출가격표를 작성할 때 네고의 여지를 남겨두기 위해서 다소 높은 수준으로 가격표를 만들어 놓고 상대방의 요청에 따라서 적절히 가격을 조정해주는 식으로 수준 높은(?) 비즈니스를 펼치는 데 반해서 이탈리아 업체는 순진하게도 처음부터 네트가격으로 수출가격표를 작성해 놓는 경우가 많아서 가격을 에누리하는 것에 익숙한 동남아 바이어를 상대하는 데 어려움을 겪기도 한다.

한편 낙천적인 국민성 때문에 해외시장 개척에 있어서도 악착같이 매달리기보다는 인연이 닿으면 거래가 이루어지겠지 하는 소극적인 자세를 보이는 경우도 많다. 이탈리아 제품이 가격이나 품질에서 다른 유럽 국가의 제품에 뒤질 것이 없는데도 불구하고 세계시장에서 그다지 확고한 자리를 잡지 못하는 경우가 많은 이면에는 이와 같은 이탈리아 사람 특유의 낙천적인 사업관이 깔려 있다고 볼 수 있다.

이탈리아 업체와 거래를 할 때 겪게 되는 또 한 가지 문제는 신속한 업무처리를 보장받지 못한다는 것이다. Inquiry를 받고도 한 달이 넘도록 답장을 하지 않는 것은 보통이고 아무리 급한 연락을 해도 며칠씩 뜸을 들이기 일쑤다. 도대체 바쁠 것이 없는 그네들의 여유 때문에 성질 급한 바이어는 제풀에 거래를 포기하기도 한다.

내가 에이전트로 일하는 이탈리아 업체도 그러한 이탈리아식 비즈니스 관행에 익숙해 있어서 한 수 위의 마케팅 전략을 구사하는 다른 유럽 국가 업체와의 경쟁에서 뒤처질 수밖에 없었다. 자연히 동남아 시장의 잠재력을 보고 적극적인 마케팅을 펼치는 다른 유럽 국가 업체들의 틈바구니에서 자리를 잡지 못하고 비교적 시장개척이 용이한 유럽 지역이나 미국 시장에 주력하게 되었다.

나에게 동남아 시장 전체에 대한 에이전트 업무를 맡기면서도 이탈리아 업체에서는 큰 기대를 하지 않았던 모양이다. 하지만 에이전트로 지정받고 처음 나선 동남아 출장에서부터 나조차도 예상하지 못했을 정도로 좋은 성과를 거둘 수 있었다. 다른 비즈니스로 알고 지내는 싱가포르인 에이전트로부터 동남아 각국의 유력한 바이어들을 소개받아서 집중적으로 접촉한 결과였다.

처음에는 이탈리아 물건을 한국 사람이 오퍼하는 것에 대해 의아해하는 바이어들에게 에이전트의 역할을 설명하느라 애를 먹었지만 외모에서부터 자신들과 별로 다른 것이 없는 사람이 동양식 사고방식에 맞추어 상담을 진행해나가자 차츰 관심을 보이기 시작했다. 첫 번째 출장에서 대만과 홍콩의 유력 업체와 대리점 계약을 체결할 수 있었고 시험 오더(trial order)의 발주가 잇달았다.

이탈리아 업체에서는 그제야 동남아 시장을 우습게 볼 것이 아니라는 판단이 섰는지 나의 요청에 따라 동남아 시장에 대해서 특별가격을 제시할 수 있는 재량권을 주는 등의 지원을 아끼지 않았고, 뒤늦게나마 동남아 시장에서 조금씩 뿌리를 내리게 되었다.

나는 이탈리아 업체의 에이전트로 일하면서 돈을 번다는 차원을 떠나서 동남아 각국의 거래처 사람들과 개인적인 교분을 쌓을 수 있었고 그들의 요청에 의해 한국산 제품을 수출하는 등의 부수적인 성과도 거두게 되었다. 처음에는 이탈리아 제품의 인지도가 낮아서 사정하다시피 대리점을 맡아달라고 했지만 이제는 꽤 시장에 알려져서 서로 독점권을 달라고 다투는 경우도 있다.

때로는 에이전트가 있는 것을 모르고 이탈리아 본사로 직접 접촉하기도 하지만 모든 거래제의 서신은 내게로 보내지고 독점에 관한 결정권도 나에게 있으므로 때로는 우월한 위치에서 상담에 나서기도 한다. 특히 일본 업체와의 상담에서는 야릇한 쾌감을 느끼게 된다. 자기네보다 한참 뒤처진 것으로 생각하기 일쑤인 한국 사람이 이탈리아 회사의 에이전트로서 자기네 시장을 관리하고 있으니 자존심이 상하기도 하련만 독점권을 따기 위해서 나에게 잘 보이려는 회사도 있다.

나로서는 비록 에이전트로 일하고 있지만 이탈리아 회사가 자신이 직접 운영하는 공장과 다를 바 없다는 적극적인 자세로 동남아 각국 수입상들과의 상담에 임한다. 물건은 이탈리아에서 만들지만 수출가격 결정에서부터 독점권에 이르기까지 중요한 사항을 임의대로 결정할 수 있으니 자신이 직접 운영하는 공장의 물건을 수출하는 것과 별로 다를 것이 없는 것이다.

그러면서도 수출과 관련된 서류작성이나 출고 등의 자질구레한 일은 이탈리아 본사에서 알아서 처리하고 나는 각국 수입상으로부터 오더를 접수해서 본사에 넘겨주고 가끔 각국 시장의 동향만 파악하면 되니 그야말로 누워서 떡 먹기 식의 업무가 아닐 수 없다.

물론 그렇게 되기까지는 한 달에 두세 번 씩 비행기를 탈 정도로 바쁘게 돌아다니며 시장개척에 공을 들여야 했지만 어쨌든 외국 회사의 에이전트로 일한다는 것은 여러모로 기분 좋은 일이 아닐 수 없다.

사업으로서의 무역

세상의 하고많은 사업 중에서 무역만큼 매력적인 사업거리도 흔치 않다. 언어와 상거래관습이 서로 다른 나라 사람들끼리 물건을 사고파는 데서 오는 문제점이 없을 수 없지만 수입과 수출을 막론하고 자기나라만을 상대로 하지 않고 전 세계를 상대로 비즈니스를 펼칠 수 있다는 것은 여간 멋진 일이 아닐 수 없다.

흔히 무역이라고 하면 서로 다른 나라 사람들끼리 거래를 하는 것이기 때문에 같은 나라 사람들끼리 거래를 할 때보다 조심해야 할 것도 많고 여러 가지 예상하지 못한 어려움도 많을 것으로 지레 겁을 먹기도 하지만 실제로 무역을 해보면 어떤 면에서는 국내거래보다 훨씬 더 안전하고 일 처리도 수월하게 진행된다는 것을 깨닫게 된다.

국내에서 거래관계를 맺기 위해서는 물건의 질이나 가격보다 거래처와의 연고나 인맥을 동원한 로비에 의존하는 경우가 많지만 해외거래처와 거래할 때는 특별한 경우를 제외하고는 오로지 품질과 가격에만 신경을 쓰면 되기 때문에 오히려 국내거래처를 상대할 때보다 쉽게 거래를 진행시킬 수 있다. 물품대금의 지급도 외상거래가 일상화되어 있는 국내거래보다는, 은행에서 지급을 보증해주는 신용장방식이나 송금방식이 보편화되어 있는 무역거래가 보다 안전하다고 할 수도 있다.

무역의 가장 큰 장점은 뭐니뭐니해도 전 세계를 상대로 비즈니스를 할 수 있다는 것이다. 수출의 경우 전 세계를 상대로 물건을 팔 수 있으니 국내시장만을 대상으로 할 때보다 수십 수백 배의 큰 시장을 개척할 수도 있고, 수입의 경우에도 전 세계에 있는 물건 중에서 국내에 들여와 팔만한 물건을 고를 수 있어서 국산품만 취급할 때와는 비교도 안 되게 다양한 사업 기회를 잡을 수 있다.

넓은 세상을 돌아다니며 언어와 피부색이 다른 여러 나라 사람들과 교분을 쌓고 마음을 나눌 수 있는 기회를 가질 수 있다는 것이 무역이라는 사업이 주는 또 다른 매력이 아닐 수 없다. 사업으로서의 무역은 단순히 돈을 버는 수단에 그치지 않고 인생의 깊이를 더해주는 기회를 제공해주기도 한다.

이상에서 살펴본 바와 같이 무역이라는 사업이 매력적이라는 데 이의를 달 수 없으나 세상의 모든 것에는 항상 양면이 존재하는 법, 사업으로서의 무역도 좋은 면만 있는 것은 결코 아니다. 무역 일을 하다보면 클레임에 걸려서 애간장이 탈 때도 있고, 무역사기꾼에게 농간을 당할 때도 있으며, 무엇보다도 무역으로 안정된 수입을 올리기가 생각처럼 쉽지가 않다. 무역의 좋은 면만 보고 무역에 입문했다가는 뒤늦게 후회할 수도 있으니 조심할 일이다.

우리 주위에 널려 있는 수출아이템

여러 사람을 먹여 살리는 수출

사람들의 개별적인 경제활동은 필연적으로 다른 사람들이나 사회전 반에 연쇄적인 파급효과를 가져다주게 마련이다. 어린아이가 가게에서 과자 한 봉지를 사 먹는 간단한 구매행위가 그 과자를 만드는 사람과 과 자를 팔고 있는 가게 주인 모두에게 일할 수 있는 기회를 제공한다. 또 한 누군가 집 한 채를 장만하게 되면 집을 짓는 데 사용된 수많은 자재 를 생산하는 업체와 집을 짓는 업체 모두에게 경제적인 기여를 하게 되 는 것이다.

이런 의미에서 보면 수출이 가져다주는 경제적 사회적인 파급효과는 결코 만만하게 보아 넘길 일이 아니다. 하나의 상품이 외국으로 수출되 기까지는 직접 혹은 간접으로 수많은 사람들의 손을 거쳐야 하기 때문이다. 우선 수출할 물건을 만드는 사람이 있어야 하고 만들어진 물건을 포장하는 사람도 있어야 하며 물건을 항구까지 운반하는 사람과 항구에서 물건을 배에 싣는 사람도 필요하다. 물건의 운송을 주선해주는 복합운송주선업자(forwarder)와 통관업무를 대행해주는 관세사도 있어야 하고 물품대금 결제를 위한 은행과 위험보장을 해줄 보험회사도 있어야 한다.

따라서 자신의 이득을 취하기 위해서 외국에 물건을 수출하는 수출업자의 행위가 결과적으로 수많은 사람들에게 일자리를 보장해주는 역할을 하게 되는 것이다. 물론 운송, 통관, 보험 등과 같은 무역관련 서비스는 개별기업의 수출유무와 상관없이 어차피 유지되어야 하는 것이지만 개별기업의 수출이 늘어날수록 그 규모가 확대되고 신규인력의 유입을 불러올 수 있다는 점에서 개별기업의 수출과 불가분의 관계에 놓여 있다는 것을 부인할 수 없다.

무엇보다도 수출이 직접적으로 우리 사회에 기여하는 부분은 수출품을 만드는 데 필요한 일자리를 만들어준다는 것이다. 우리나라 수출의 주종이 노동력에 의존하는 단순상품이었던 1960년대부터 1970년대까지를 되돌아보면 그야말로 그때 수출이 활성화되지 않았더라면 그 많은 사람들이 무슨 일을 해서 먹고 살았을까 하는 의문이 들기도 한다. 우리나라와 같이 인구밀도가 높은 나라에서 국내시장만을 대상으로 산업을 운영하다가는 넘쳐나는 실업자들로 골머리를 썩일 것이 분명하다.

따라서 수출시장을 개척하는 것이야말로 단순히 우리나라의 상품을 외국에 판다는 차원을 뛰어넘어 수많은 사람들에게 일할 수 있는 기회를 제공한다는 측면에서 상당히 중요한 의미를 갖는다. 수출일선에서 뛰면서 일이 잘 풀리지 않거나 오더를 따내기가 쉽지 않을 때 일거리에 목말라 있을 수많은 근로자의 얼굴을 떠올려보자. 지금 내가 따내고자 하는 오더 하나가 공장에서 일하는 근로자들과 그들이 부양해야 할 가족들을 먹여 살릴 수 있다고 생각한다면 수출오더를 따내면서 겪어야 하는 약간의 어려움쯤이야 기꺼이 극복해 나갈 수 있지 않을까?

반도체 못지않게 중요한 수출 아이템

세계지도를 들여다보면 우리나라처럼 좁은 땅덩어리를 가진 나라도 드물어 보인다. 우리나라보다도 훨씬 더 좁은 땅덩어리를 가진 나라가 왜 없겠는가마는 그런 나라들은 아예 지도상에서 잘 보이지 않으니 마치 우리나라가 이 세상에서 가장 작은 나라인 것 같은 착각이 들기도 한다. 그렇게 좁아터진 나라에서 살아가는 사람들의 숫자는 왜 또 그리도 많은지 어떤 때는 이 많은 사람들이 다 무얼 해서 먹고사는가 하는 유치한 질문이 머릿속을 맴돌기도 한다.

한때 지구상에서 가장 못사는 나라 중의 하나였던 우리나라가 오늘날 세계무대에서 그 어떤 나라도 무시하지 못할 만큼의 경제적인 성장을 이루기까지는 1980년대 자동차와 선박, 1990년대 전자와 반도체, 그리고 2000년대의 IT산업으로 대표되는 수출전략산업을 집중적으로 육성한 것이 주효했다고 볼 수 있다. 하지만 이들 수출전략산업이 아직 자리를 잡기 이전인 1970년대부터 이미 우리나라의 경제는 수출이 주도하고 있었음을 상기할 필요가 있다.

그 당시 우리나라의 주요 수출품목은 자동차도 아니고 전자제품도 아니고 반도체는 더더욱 아니었다. 합판이나 봉제완구, 와이셔츠 등과 같이 어찌 보면 산업이라는 이름을 갖다 붙이기조차 민망한 경공업 제품들이 우리나라 수출의 대종을 이루고 있었고, 그런 아이템을 가지고 세계시장을 개척한 데는 소위 수출의 역군이라고 불리던 무역전문인력의 공로가 컸다.

물론 수출상품을 생산해내는 기업체와 거기서 일하는 근로자들의 피땀어린 노력이 뒷받침되었지만 KOREA라는 나라가 어디 붙어 있는지도 모르던 시대에 세계 곳곳을 누비며 오더를 따낸 수출 역군들의 눈물겨운 시장개척 노력이 없었다면 우리나라가 그렇게 눈부신 경제성장을 이루지는 못했을 것이다.

1980년대 이후 자동차, 선박, 전자, 반도체, IT로 이어지는 일련의 산업들이 각광을 받을 수 있었던 것도 이들이 수출전략산업으로 육성되었기 때문이다. 국내에서만 쓰기 위해 자동차를 만들고 전자제품을 만들었다면 오늘날 우리가 보는 것 같은 기술 발전이나 국제적인 품질개발은 이루어지지 못했을 것이다. 국내시장만 바라보고 산업을 키웠더라면 평범한 수준에 머물렀을지도 모르는 제품들이, 해외시장을 겨냥한 기술개발에 힘쓴 결과 오늘날과 같은 국제적인 수준의 제품들이 된 것이다.

이제 우리나라는 또 다른 전환기에 직면해 있다. 이미 그동안 수출전략산업으로 육성해 온 자동차, 선박, 전자, 반도체와 IT산업이 앞으로도 주요수출품목으로 우리나라의 경제를 굳건히 지켜주는 역할을 할 것은 분명하지만 이에 못지않게 수출의 저변을 확대시키는 노력이 절실히 요구된다. 앞에 언급한 품목들이 우리나라 수출에 중요한 역할을 하는 것은 분명하지만 무슨 일에나 너무 편중된 것은 바람직하지 않다. 한때 우리나라의 경제가 반도체 수출가격에 울고 웃었던 것은 그만큼 우리나라의 수출이 일부 품목에 편중되어 있었기 때문이다.

이탈리아나 대만과 같이 대기업 위주의 수출에서 탈피해서 다수의 중소기업들이 각자 전문적인 아이템을 개발해서 수출하게 되면 수출 저변이 확대되어 한두 품목의 시장동향에 국가 전체의 경제가 휘청거리는 일은 방지할 수 있을 것이다. 물론 중소기업들이 아무리 많이 수출해봤자 반도체 아이템 하나를 따라가기 힘들고 중소기업들이 주로 생산하는 섬유, 완구, 문구 등과 같은 경공업제품의 경우 이미 중국산 등과의 가격경쟁에서 밀려 있어서 바람직하지 않다는 지적이 있을 수 있다.

하지만 첨단 산업으로 무장한 미국이나 일본에서도 아직까지 봉제완구를 수출하는 회사가 있다는 것은 눈여겨 볼 일이다. 새로운 아이디어와 디자인으로 무장한다면 아직도 우리에게 경공업제품을 수출할 기회는 얼마든지 있다.

어차피 자동차나 전자, 반도체와 같은 전략수출품목은 해당 품목을 생산하는 회사에서 자체적으로 수출시장 확대를 위해서 최선을 다할 것이기 때문에 새로 무역에 입문하는 사람들이라면 힘들더라도 경공업제품을 비롯한 다양한 품목의 수출시장개척에 힘써서 우리나라 수출의 저변을 확대하는 데 일익을 담당하는 것이 바람직하지 않을까?

우리 주위에 널려 있는 수출 아이템

수출이라고 하면 공연히 어렵게 생각해서 그저 남의 일이려니 하고 지나쳐 버리는 사람들이 많지만 누구나 조금만 신경을 쓰면 얼마든지 수출할 아이템을 찾아낼 수 있다. 특별한 물건만 수출할 수 있는 것이 아니고 우리 주변에서 흔히 볼 수 있는 물건 중에도 얼마든지 수출할 수 있는 물건을 찾아낼 수 있기 때문이다. 쉽게 생각해서 국내에서 팔리는 물건 중에 품질이나 가격에 경쟁력만 있다면 일단은 외국에서도 팔 수 있다고 보면 된다.

단 외국에 물건을 팔려면 먼 거리를 운반해야 하기 때문에 솜처럼 가격에 비해 부피가 너무 크다든지 장거리 운송에 필요한 포장비용이 과다하게 들어서 운송비 부담이 큰 아이템들은 현실적으로 수출하기가 힘들다. 또한 국내에서는 잘 팔리는 아이템이라도 종교나 사상 기타 여러 가지 차이로 인해 외국에서 받아들여지지 않는 경우도 있을 수 있고 다른 나라에서 생산되는 유사한 상품의 가격이 현저하게 낮을 경우에도 수출 가능성은 낮아질 수밖에 없다.

앞서 언급한 몇 가지 경우를 제외하고는 우리 주위에 널려 있는 모든 아이템들을 일단 수출 대상으로 간주할 수 있다. 인간에게 필요한 모든 물품이 수출 대상이 될 수 있는 것이다. 우리가 흔히 수출하면 자동차나 반도체 등을 떠올리고 실제로 이들 아이템이 우리나라 수출에서 차지하는 비중이 큰 것은 사실이지만, 우리나라의 수출현황을 좀 더 자세히 들여다보면 우리가 미처 생각하지도 못한 아이템들이 상당수 포함되어 있는 것을 발견하게 된다. 하다못해 집안 구석에 처박혀 있는 골동품도 잘 만 모으면 좋은 수출 아이템이 될 수 있다.

지금 당장 주변을 둘러보아서 수출할 만한 물건이 없는지 찾아보자. 어떻게 바이어를 잡고 가격을 네고해서 계약을 체결하고 물건을 실어보내느냐 하는 것은 그 다음 문제다. 수출할 물건만 있다면 수출에 따른 모든 업무는 하나의 절차에 불과하다. 어떻게 수출하느냐 보다는 무엇을 수출하느냐가 우선한다는 것을 새겨둘 필요가 있다.

눈에 보이는 상품만 팔 수 있는 것이 아니다

무역의 대상을 눈에 보이는 물건으로만 국한시키는 것은 잘못된 생각이다. 로열티를 물고 사용하는 외국의 기술도 넓은 의미에서 무역의 대상으로 볼 수 있으며 영화나 음반, 서적과 같은 문화상품에서부터 운동선수의 외국진출도 일종의 무역 대상으로 보아도 큰 무리가 없다.

영화나 음반을 사고팔기 위해서도 일반상품의 거래에서와 마찬가지로 거래조건에 합의하고 계약을 체결해서 물건을 주고받는 일반적인 무역절차가 그대로 적용된다. 운동선수의 해외진출 때도 대상이 물건이 아니고 사람일뿐이지 몸값을 흥정하고 계약을 체결해서 선수가 해외로 나가는 과정은 일반무역의 과정과 크게 다를 바 없다.

이와 같이 무역의 대상을 넓게 해석하면 보다 많은 무역 기회를 잡을 수 있다. 자기가 몸담은 분야에서 외국에 진출시킬만한 것이 없는가를 살펴보거나 거꾸로 외국에서 들여와서 우리나라에 소개할만한 것이 없는가를 살펴보면 의외로 유망한 사업거리를 찾을 수도 있다. 한류라 불리는 한국 엔터테인먼트 산업의 중국 및 동남아 시장 진출은 잘 기획된 수출로 볼 수 있으며 중국 사람이 개발한 영어학습법이 우리나라에서 인기를 끌고 있는 것은 일종의 문화수입으로 볼 수 있다.

외화를 벌어들이는 측면에서만 본다면 눈에 보이는 일반적인 상품보다 영화, 음악 등과 같은 문화상품이나 프로스포츠 운동선수의 해외진출이 훨씬 더 실속이 있다고 볼 수 있다. 일반상품의 경우 마진을 붙일 수 있는 폭이 제한되어 있는 반면에 문화상품이나 프로스포츠 운동선수의 경우에는 그야말로 무한대의 가치를 창출할 수 있기 때문이다.

문화상품이나 운동선수들의 해외진출은 비단 외화를 획득한다는 차원에 그치지 않고 자국의 문화와 이미지를 외국인의 가슴속에 심어놓을 수 있다는 점에서 일반상품의 해외진출 못지않게 중요한 역할을 한다고 볼 수 있다. 무역을 함에 있어서도 눈에 보이지 않는 것을 볼 줄 아는 지혜가 필요하다.

바이어는 왕이 아니다

우리나라에서는 무역거래를 할 때 바이어(buyer)가 왕이라는 고정관념에 사로잡혀 있는 경우가 많다. 외국에서 바이어가 들어오면 공항에 마중나가는 것은 물론이고 관광, 쇼핑에다 룸살롱 접대까지 마다하지 않는 경우가 많다. 멀리서 온 손님을 극진히 대접해서 보내는 것이 우리나라의 전통적인 미덕이라고 좋게 해석할 수도 있으나 외국인 특히 서양인의 시각에서 보면 지나친 경우가 많다.

일방적으로 바이어를 우대하는 우리나라의 경우와 달리 서양에서는 바이어나 셀러(seller) 모두 상대방이 자신의 이익을 위해 필요한 존재라는 것을 인정하고 동등한 입장에서 매사를 처리해 나간다. 이와 같이 합리적인 사고방식에 익숙한 서양인에게 우리식대로의 접대문화가 때로는 역효과를 초래하는 경우도 있다. 너무 지나친 접대를 받게 되면 이쪽에서 팔려고 하는 물건의 품질에 하자가 있거나 접대비용이 가격에 전가될 수도 있다는 쓸데없는 오해를 받을 수도 있다.

우리가 바이어의 입장이 되어 외국에 나가보면 우리 접대문화와의 차이점을 확연히 느낄 수 있다. 아주 특별한 경우가 아니면 공항까지 마중 나오는 것은 거의 기대할 수 없고 기껏해야 미팅 후에 간단한 식사를 대접하는 것이 그네들의 접대의 전부라고 보아도 무방할 것이다. 서양인들은 개인적인 접대보다는 거래의 실질적인 내용에 더 관심이 있다는 것을 새겨둘 필요가 있다.

수출만큼이나 중요한 수입

우리들 주변에는 무조건 수출을 많이 하는 것이 좋은 것이고 수입은 해서는 안 되는 것이라는 편견에 사로잡힌 사람들이 많다. 하지만 이것은 상당히 잘못된 생각이다. 인간관계와 마찬가지로 국가간의 관계에 있어서도 서로 주고받는 것이 있어야 좋은 관계를 유지할 수 있는 것인데 일방적으로 우리 물건만 팔려고 하고 상대방으로부터는 아무 물건도 사려고 하지 않는다면 좋은 관계가 지속되기 힘들다.

무역강국이 되려면 수출에 힘을 쏟는 만큼 수입을 통해서도 국가에 도움이 되는 길을 찾아야 한다. 우리나라처럼 필수적인 원자재가 부족한 나라에서는 불가피하게 수입에 의존할 수밖에 없으며 수출품을 생산하기 위해서 필요한 관련부품이나 설비의 수입 또한 피할 수 없다. 어차피 수입해야만 할 물건을 남보다 싼 가격에 수입한다면 국가적으로 이득이 아닐 수 없다.

국산품을 수출해서 외화를 벌어들이는 수출업자 못지않게 외국으로부터 값싸고 품질 좋은 물건을 수입해서 국내시장에 유통시키는 수입업자들의 역할도 중요한 것이다. 수출을 많이 해서 외화를 벌어들이는 것과 마찬가지로 수입을 잘해서 외화를 절약하는 만큼 국가경제에 이득이 되기 때문이다.

농산물이나 무기와 같이 우리나라의 특수한 상황에서 국내산업을 보호해야 할 필요성이 있는 아이템을 제외하고는 국산품보다 외국제품의 품질이나 가격이 좋다면 굳이 국산품 애용을 부르짖을 필요가 없다. 어렸을 때 지나치게 보호를 받고 자란 아이가 성인이 되어서도 독립하기가 힘들듯이 인위적으로 외국제품과의 경쟁을 회피하고 보호를 받은 상품일수록 경쟁력을 갖추기가 점점 더 힘들어진다. 국산품을 보호하려고 수입품을 규제하는 것이 결과적으로 국산품의 경쟁력을 떨어뜨릴 수 있다. 수입을 활성화시킴으로써 국산품과의 경쟁을 유도해서 국산품의 수출경쟁력을 높일 수도 있는 것이다.

초보무역상에게는 수입보다 수출이 유리하다

나의 전작(前作)《오퍼상이나 해볼까?》에서 아무런 연고 없이 시작하는 오퍼상으로서는 수출보다 수입 쪽에서 기회를 잡는 것이 유리하다는 요지의 주장을 펼친 바 있다.

그 이유로 반도체, 자동차, 전자 등과 같은 수출전략산업의 경우 해당 기업체에서 자체적으로 해외시장을 개척하기 때문에 오퍼상이 개입할 여지가 없고 잡화를 비롯한 경공업제품은 제삼국과의 가격경쟁이 심한데다 바이어 측에서 공장과의 직거래를 원하는 경우가 많아 단순히 무역거래를 알선만 해주는 오퍼상으로서는 발붙이기가 쉽지 않다는 점을 들었다.

반면에 수입의 경우에는 해외의 유명업체일수록 효율적인 시장관리를 위해 현지 에이전트를 활용하려는 경향이 높기 때문에 자신이 직접 무역거래를 하지 않는 순수한 오퍼상이라면 새로 한국시장에 진출하고자 하는 외국업체의 에이전트가 되는 기회를 잡는 것이 유리하다는 취지의 주장이었다.

하지만 수출보다 수입 쪽이 유리하다는 것은 자신이 직접 무역거래를 하지 않는 오퍼상에 해당되는 얘기고 자기 스스로 무역거래를 하려고 하는 사람들에게는 오히려 수입보다는 수출 쪽에서 기회를 잡는 것이 수월하다고 볼 수 있다.

왜냐하면 자기 스스로 수입을 하기 위해서는 해외공급업체를 잡아야 하는데 해외공급업체의 입장에서 보면 이왕이면 자본력도 있고 판매망도 갖춘 수입업체와의 거래를 선호하기 마련이라 새로 시작하는 무역상으로서는 유력한 해외공급업체를 잡기가 그만큼 힘들어지기 때문이다. 또 설사 유력한 해외공급업체를 잡았다고 하더라도 국내판매조직을 갖춰야 하고 재고비용을 포함한 자금수요가 만만치 않다는 것도 초보무역상에게는 부담이 될 수밖에 없다.

반면에 직접 수출을 할 수 있는 입장이라면 비록 자신이 직접 생산하는 물건이 아니더라도 다양한 제품을 망라해서 해외 바이어들과 상담을 할 수 있기 때문에 실제 거래로 이어질 확률이 높아지고 상대적으로 자금부담도 덜하기 때문에 무역에 처음 입문하는 사람들로서는 아무래도 수입보다는 수출 쪽부터 손을 대는 것이 수월하다고 볼 수 있다.

물론 수출과 수입 중에서 어느 쪽이 유리한가 하는 문제는 단적으로 단정 지을만한 사안은 아니다. 각자가 처한 상황과 여건에 따라서 얼마든지 다른 결과가 나올 수 있다는 것을 염두에 두어야 한다.

첫 경험

무역에 입문해서 처음으로 수출오더를 받았을 때의 감격이란 겪어보지 않은 사람으로서는 상상하기 힘든 것이다. 그것도 아이템이나 거래처에 대한 아무런 연고도 없이 그야말로 무에서 시작해서 한 번 만나 본 적도 없는 미지의 외국업체로부터 수출오더를 받았을 때의 감격은 두고두고 잊혀지지 않기 마련이다.

내가 독립해서 처음으로 받은 수출오더는 칠레의 수입상이 발주한 소량의 교육용 완구 오더였다. 그때는 인터넷은 물론 컴퓨터의 사용마저 일반화되지 않은 시절이라 신규 바이어를 개발하기 위해서는 디렉토리를 뒤지거나 무역관련기관에서 제공하는 자료를 활용하는 방법이 주종을 이루고 있었다.

당시 무역협회에서는 발간하는 〈일간무역〉이라는 간행물에서 제공하는 거래알선정보가 그 중의 하나였는데 이곳에 소개된 해외거래처의 경우 하도 많은 업체에서 접촉하다보니 거래성사로까지 이어지기가 그야말로 하늘의 별 따기처럼 힘들 수밖에 없었다.

칠레 업체가 한국으로부터 교육용 완구를 수입하고 싶어한다는 내용의 게시물을 읽고 그 당시 꽤 알려진 교육용 완구 제조업체를 방문했다. 담당자를 만나서 칠레 업체로부터의 Inquiry 내용을 설명하고 견적을 요청하였더니 어제오늘 사이에 수없이 많은 무역회사에서 칠레 쪽에 수출할 것이라고 하며 견적과 샘플을 가져갔는데 무슨 영문인지 모르겠다고 했다.

전날 〈일간무역〉에 실린 게시물을 보고 많은 업체에서 접촉을 시도하고 있다는 것을 직감하면서도 잘 모르겠다고 시침을 떼고 견적과 샘플을 받아 사무실로 돌아왔다. 칠레 업체를 접촉할만한 모든 준비는 완료

됐으나 막상 상대방에게 제시할 가격을 결정하기가 쉽지 않았다.

수많은 업체에서 똑같은 회사의 제품을 가지고 상대방을 접촉할 것이 확실해진 만큼 남보다 한 푼이라도 싼 가격을 제시해야 승산이 있을 터인데 도대체 어느 정도의 마진을 붙여야 다른 업체보다 경쟁적인 가격을 만들 수 있을지 감이 잡히지 않았다.

한동안 고민한 끝에 일체의 마진을 붙이지 않고 생산업체에서 제시한 가격 그대로를 상대방에게 제시하기로 했다. 결국 칠레 업체로부터 얼마 안되는 금액이지만 난생 처음 수출오더를 받는 데 성공했으나, 막상 수출을 끝내고 정산을 해보니 예상치 못한 부대비용이 추가되어 결과적으로 첫 거래부터 손해를 감수해야 했다.

하지만 칠레 업체로부터 재오더를 받고 가격을 조금씩 올려 받음으로써 첫 거래의 손해를 만회하고 얼마 안 되는 금액이나마 마진을 취할 수 있었다. 처음 가격을 제시할 때 다른 업체에서도 같은 회사 제품을 오퍼한다는 것을 알고 마진을 붙이지 않은 가격을 제시한 저간의 사정을 알리 없는 칠레 업체는 연이은 가격 조정에도 불구하고 이쪽에서 제시하는 가격이 가장 경쟁적일 것이라는 믿음을 갖고 지속적으로 오더를 발주해 주었다.

돌이켜 생각해보면 한 푼이라도 더 받을 수 있는 상황에서 일종의 덤핑가격을 제시함으로써 국가적으로 손해를 끼쳤다는 죄책감도 들지만 해외 바이어와의 관계수립에 목말라했던 초보 무역상으로서 어쩔 수 없는 선택이었다고 자기합리화를 해보기도 한다.

어느 오퍼상의 고백

무역업무와 전화통화

무역업무를 처리하면서 별일 아닌 것까지도 국제전화를 해서 상대방과 통화를 해야 직성이 풀리는 사람이 있다. 신속하고 정확하게 일을 처리하려는 의도는 좋으나 직접 통화에서 야기될 수 있는 문제점을 감안한다면 가급적 전화통화를 자제하는 것이 바람직한 경우가 많다.

특히 상대방과 논쟁의 소지가 있는 주제를 협의할 때는 전화보다는 팩스나 이메일을 사용해서 자신의 의사를 표현하는 것이 원만한 문제해결에 도움이 된다. 전화상으로 직접 통화하다보면 자신도 모르는 사이에 즉흥적인 대응을 할 가능성도 있고 감정에 치우쳐서 일을 그르칠 수도 있기 때문이다. 반대로 전화통화를 하면서 상대방의 즉각적인 반응을 파악할 수 있다는 장점도 있지만, 아무래도 서로간의 냉정함을 유지하면서 일을 풀어나가기 위해서는 서신을 통해서 의견을 교환하는 것이 바람직하다.

전화통화의 또 다른 문제점은 근거가 남지 않는다는 것이다. 물론 통화내용을 녹음하는 방법이 있긴 하지만 통화내용을 일일이 녹음한다는 것도 번거로운 일일뿐더러 나중에 상대방의 주의를 환기시키기 위해서라도 서신으로 주고받는 것이 훨씬 더 효율적이다.

이와 같이 서면으로 연락을 주고받는 것이 바람직하다고 하는 것은 비단 해외거래처와의 접촉에만 해당되는 것이 아니라 국내거래처와의 관계에 있어서도 유념해 둘 필요가 있다. 특히 중요한 사안에 대해서 담당자와의 통화로 끝내는 것보다는 정식서면으로 통보해두는 것이 나중에 발생할지도 모르는 분쟁이나 오해의 소지를 없애는 데 도움이 된다.

전화가 문명의 이기(利器)임에는 틀림없으나 때로는 원만한 비즈니스 수행에 방해가 될 수도 있음을 인식할 필요가 있다.

인터넷 만능주의

나의 후배 중에 다니던 직장이 부도가 나는 바람에 뜻하지 않게 무역에 발을 내딛게 된 친구가 있다. 무역을 하고 싶어서 시작했다기보다는 회사가 문을 닫고 나서 마땅히 할 일이 없었으므로 비교적 창업이 용이한 무역업에 입문하게 된 것이다. 집 근처의 오피스텔을 임대해서 사무실을 차린 그는 노트북과 스캐너, 디지털카메라 등을 구입해서 소위 인터넷 무역에 나서게 되었다.

주변 사람들에게 수소문해서 수출 가능성이 있어 보이는 몇몇 아이템의 중소업체를 소개받은 그는 디지털카메라와 스캐너를 이용해서 관련 제품을 소개하는 홈페이지를 만들어서 인터넷에 올려놓고 바이어로부터의 연락을 기다렸다. 처음 얼마 동안은 별다른 반응이 없었으나 주요 검색사이트에 링크를 시키는 등의 노력을 기울이자 차츰 홈페이지에 소개한 물품에 대해서 문의하는 이메일이 접수되기 시작했다.

주로 중국, 인도, 방글라데시 등의 저개발국으로부터의 문의가 대종을 이루었으나 사업초창기에 의욕이 넘치던 그는 개의치 않고 열심히 답변을 해주었고 그 중 몇 군데로부터는 소액이지만 샘플오더(sample order)도 받게 되었다. 하지만 본격적인 오더로의 연결은 좀처럼 이루어지지 않았다. 대부분의 바이어들이 처음에는 엄청난 오더를 할 것처럼 덤벼들다가도 샘플을 받고 나서는 흐지부지되기 일쑤였다.

그는 자신이 취급하는 아이템에 문제가 있다고 판단하고 계속해서 새로운 아이템을 개발해서 홈페이지에 올리는 작업을 게을리하지 않았다. 하지만 결과는 마찬가지였다. 간혹 샘플오더는 들어왔지만 재오더로 연결되는 것은 가뭄에 콩나듯 했다. 그래도 그는 포기하지 않고 새로운 아이템을 개발해서 인터넷에 올리는 작업을 되풀이하고 있다.

그는 아직도 시간이 걸릴 뿐이지 언젠가는 인터넷무역으로 성공할 수 있으리라고 굳게 믿고 있다. 나는 그에게 제대로 된 바이어를 만나기가 쉽지 않고 지속적인 오더를 기대하기가 어려운 것 등 인터넷을 통한 바이어 발굴의 문제점을 지적해주면서 너무 인터넷에만 얽매이지 말고 다른 방법을 통해서도 바이어를 개발해보도록 권해 보았지만 그의 인터넷에 관한 확고한 믿음을 희석시키기에는 역부족이었다.

인터넷과는 담을 쌓고 관심조차 가지지 않는 것도 문제지만 인터넷으로 모든 것을 이룰 수 있다는 인터넷 만능주의도 경계해야 할 대상이 아닐 수 없다.

무역회사의 구인광고

무역거래는 결국 사람에 의해서 이루어지기 때문에 무역 일을 같이 할 직원을 뽑을 때는 신중에 신중을 기하게 된다. 하지만 사람이 사람을 고른다는 것이 그렇게 쉬운 일은 아니다. 천편일률적인 이력서나 자기소개서를 보면서 짧은 시간 동안 몇 마디 나누어 보는 것만으로 상대방의 사람 됨됨이를 판단한다는 것 자체가 애당초 불가능한 것인지도 모른다.

개인무역업자가 직원을 구하기란 그리 쉬운 일이 아니다. 인사부가 따로 있어서 정식으로 일간지에 모집광고를 내고 사람을 뽑을만한 형편이 못되므로 구인구직사이트를 이용하거나 아예 공개채용을 할 엄두를 못 내고 주위 친지들의 소개를 받아서 직원을 충원하는 경우도 많다. 나는 주로 지역정보지의 광고를 활용해서 직원을 채용하곤 했다. 이왕이면 사무실 부근에 사는 사람을 뽑는 것이 나을 것이라는 판단 때문이었다.

지역정보지에 광고를 내면 생각보다도 문의전화가 많이 걸려온다. 무엇보다도 '무역' 자가 들어가는 상호가 어필하는 것 같다. 대개는 무역 관련업체에 근무한 경력이 있거나 무역관련 학과를 졸업한 사람들이 많이 문의하는 편이지만 간혹 전혀 무역을 모르는 사람들의 문의를 받는 경우도 있다. 그들 중에는 제법 괜찮은 경력을 갖고 있는 사람들도 있는데 단순히 무역 일을 하면 왠지 멋있을 것 같다는 막연한 호기심으로 인터뷰를 요청하는 경우도 있다. 하지만 당장 업무를 맡아줄 사람이 필요한 소규모 무역상으로서는 아무래도 실무경험이 없는 사람을 선뜻 채용하기가 쉽지 않다.

한번은 전화를 받자마자 무조건 찾아뵙겠다는 여성 취업희망자가 있었다. 대개는 간단한 전화통화를 통해 구직자의 경력 등을 확인하고 가능성이 있어 보이는 대상자만 몇 명 추려서 인터뷰를 갖게 되는데 그녀는 막무가내로 자세한 얘기는 만나서 하겠다면서 사무실로 쳐들어(?) 왔다. 한눈에도 빼어난 외모를 하고 있었는데 다짜고짜 자기는 월급을 안 받아도 좋으니 꼭 한번 무역회사에서 일해보고 싶다고 했다. 이력서를 보니 대학에서 무용을 전공하고 에어로빅 강사를 하고 있었다.

약간 어이가 없어서 도대체 무엇 때문에 무보수로라도 일 하고 싶은가하고 물었더니 자기가 아는 사람 중에 무역회사에 다니는 사람이 있는데 외국을 내 집 드나들 듯이 하고 일류호텔에서 외국인들만 상대하는 것이 그렇게 멋져 보일 수가 없다는 것이었다. 무역에 대해서 아는 것이 있느냐고 물었더니 처음부터 배우겠다고 했다.

아쉽기는 했지만 제발 무역 일을 가르쳐 달라는 그녀의 청을 들어줄 수가 없었다. 무역 일을 배우는 거야 그리 힘들 것이 없었지만 단지 화려하고 멋있어 보인다는 이유만으로 무역에 입문했다가는 오히려 실망이 클 수도 있다는 생각이 들었기 때문이다.

미스 이탈리아의 연설

내가 동남아 에이전트로 일하고 있는 이탈리아 회사의 수출담당 매니저는 아이러니컬하게도 영어를 전혀 하지 못한다. 대신 불어, 스페인어를 비롯한 유럽국가의 언어에 능통하여 유럽지역을 주시장으로 하는 회사의 수출업무를 큰 어려움 없이 수행하고 있다.

그 매니저를 보좌해서 세 명의 여직원이 지역별로 나누어 수출업무를 담당하고 있는데 얼마 전까지 동남아 지역을 담당하던 여직원은 영어실력도 뛰어날 뿐만 아니라 빼어난 미모로 인해 미스 이탈리아로 불리곤 했다. 지금은 결혼을 해서 남편을 따라 다른 직장으로 옮겨갔지만 그녀처럼 모든 면에서 완벽한 여성을 본 적이 없다.

그녀는 훤칠한 키에 지적이면서도 잘 조화된 얼굴하며 그야말로 미스 이탈리아로 불려도 전혀 손색이 없는 용모를 하고 있었으며 무엇보다도 업무에 임하는 자세가 그렇게 진지하고 열성적일 수가 없었다.

그녀와 수출담당 매니저를 동반하고 일본 출장길에 올랐을 때의 에피소드 한 가지다. 일본에서 꽤나 알아주는 수입업체와의 수출상담을 위해 오사카에 있는 사무실을 방문하여 회의실로 안내 받았다. 잠시 후 그

회사의 사장을 비롯한 담당직원들과의 상견례를 끝내고 본격적인 회의에 들어갔는데 주로 일본회사의 사장과 이탈리아 업체의 수출담당 매니저간의 대화를 이탈리아 여직원이 통역하고 간간이 내가 거들어주는 방식으로 회의가 진행되었다.

하지만 상당시간 동안의 협의에도 불구하고 일본인 특유의 우회적인 표현과 신중함으로 인해 수출상담에 실질적인 진전이 이루어지질 않았다. 그때 한동안 어색한 분위기 속에서 매니저의 발언을 통역하는 데 충실하던 여직원이 잠시 매니저와 귀엣말을 나누더니 입을 열었다.

그녀는 우선 매니저를 제쳐두고 자신이 발언을 하는 것에 대해 양해를 구하고 동남아 지역을 담당하고 있는 담당자로서 이탈리아 제품의 우수성과 다른 아시아국가 시장에 성공적으로 진출한 사례 등을 조리 있게 설명해 나갔다.

그녀의 목소리는 확신에 차 있었고 담당자라기보다는 마치 최고경영자가 발언하는 듯한 착각을 불러일으킬 정도로 당당한 어조로 상대방을 압도해나갔다. 순식간에 회의의 분위기는 활기를 띄기 시작했고 상당히 구체적인 상담으로까지 진전이 이루어졌다.

비록 그 자리에서 최종적인 결론에까지 이르지는 못했지만 그 날의 상담은 지극히 성공적이었고 결국 그 회사로부터 상당한 규모의 오더를 받는 데까지 연결되었다. 회의를 마치고 호텔로 돌아오는 차 안에서 환한 미소를 짓던 그녀의 모습이 그렇게 아름다울 수 없었다.

접대 아닌 접대

수입오퍼상으로 성공하기 위해서는 유력한 해외공급업체를 잡는 것 못지않게 국내거래업체와의 관계를 돈독히 하는 것이 중요하다. 아무리 아이템이 좋고 막강한 해외공급업체를 잡았다고 하더라도 물건을 사줄 국내업체와의 거래를 성사시키지 못한다든지 일단 거래를 시작했더라도 좋은 관계를 유지하지 못한다면 유사한 제품을 오퍼하는 다른 오퍼상에게 거래업체를 뺏길 가능성이 높아지기 때문이다.

따라서 국내거래업체를 놓고 같은 아이템을 오퍼하는 오퍼상간의 경쟁이 치열해질 수밖에 없고 경우에 따라서는 거래업체의 결정권자나 담당자를 자기편으로 만들기 위해서 치열한 로비전도 불사해야 한다. 모든 거래가 비록 회사 대 회사 차원에서 이루어지더라도 어차피 최종적인 결정은 사람에 의해서 이루어지기 마련이므로 때로는 거래회사 결정권자와의 개인적인 관계 유지가 사업의 흥망을 결정지을 수도 있다.

오퍼상의 세계에서도 예외는 아니어서 중요한 거래처의 경우 결정권자와의 관계를 돈독히 하기 위해서 골프 접대나 술 접대 심지어는 리베이트 개념의 뒷거래까지 이루어지는 경우도 있다. 나의 경우는 원래 술도 잘 못하고 골프채를 잡아본 지도 얼마 되지 않아서 아무리 중요한 거래처라고 해도 고작 식사 한 끼 대접하거나 기껏해야 추석명절 같은 때 상품권 몇 장 돌리는 것으로 때우곤 했다.

돌이켜 생각해보면 남들처럼 좀 더 다양한 접대방법을 동원했더라면 보다 크게 사업을 일으킬 수 있지 않았을까 하는 후회(?)가 들 때도 있다. 그런 나에게도 비록 접대라고 할 수는 없지만 거래처의 유력인사에게 잘 보여서 오래도록 좋은 관계를 유지하게 된 사건(?)이 있었다.

꽤 알려진 회사의 수입을 관장하는 중역이 위암 판정을 받아 수술을 받기 위해 입원을 하게 되었다. 평소 오너의 신임을 받아 수입에 관한 한 거의 전권을 휘둘렀기 때문에 오퍼상들에게는 하늘과도 같은 존재였고 근무시간은 물론 퇴근 후까지도 그의 주변을 맴도는 오퍼상들이 끊이지 않았다. 하지만 회복이 불투명한 암 판정을 받고 입원하게 되자 수입에 관한 결정권은 바로 차석부장에게 넘어갔고 그의 퇴직은 기정사실화 되었다.

평소 잘해주지 못했는데도 여러모로 나에게 도움을 주었던 인연을 생각하며 병 문안을 갔고 얼마 안 되는 돈이나마 치료비에 보태 쓰라고 내밀었더니 그는 왜 안 하던 짓을 하냐고 하면서 눈시울을 붉혔다. 정승집 개가 죽으면 조문객이 줄을 잇다가도 막상 정승이 죽으면 아무도 돌아다보지 않는다고 그가 힘 있는 자리에 있을 때는 주변에 오퍼상들이 들끓더니 불치의 병에 걸려 회사를 그만둔다고 하니 그 누구도 찾아오는 사람이 없다고 했다.

쓸쓸해하는 그를 뒤로 하고 병원을 나서면서 인생의 덧없음을 가슴에 새긴 지 며칠 되지도 않아서 그로부터 뜻하지 않은 전화를 받았다. 수술을 하려고 개복을 해보니 암이 아닌 것으로 확인되어 그냥 닫아버리고 회사에 복귀했다는 것이었다. 그의 도움으로 사업이 한 단계 도약했음은 물론이다.

어느 오퍼상의 고백

비행기를 타고 장거리 해외여행을 하다보면 옆 좌석에 앉은 사람에게 신경이 쓰일 수밖에 없다. 대개는 서로 아는 척하지 않고 자신만의 시간을 보내는 경우가 많지만 간혹 말동무가 되어 여행길의 지루함을 달래는 경우도 있다. 몇 해 전에 독일에서 열린 전시회에 참관하기 위해서 루프트한자에 몸을 실었는데 이륙 후 식사 서비스가 끝날 즈음 옆 좌석에 자리한 사람이 말을 붙였다.

언뜻 보기에 사십 정도 되어 보이는 남자였는데 대화를 나누다보니 그도 독일 전시회를 참관하러 가는 길이라는 것을 알게 되었다. 자연스레 서로의 직업이며 하는 일들에 대한 질문이 오고 갔는데 공교롭게도 둘 다 오퍼상이란 걸 알게 되었고 금세 오랜 교분이라도 있었던 것처럼 맥주를 나눠 마시며 얘기꽃을 피우게 되었다. 한동안 나의 지나온 얘기를 듣고 있던 그는 조심스레 자신의 얘기를 꺼냈다.

그는 한때 아주 잘나가던 오퍼상이었다. 미국에서 제법 알아주는 산업설비업체의 한국 독점에이전트 일을 맡아서 굵직굵직한 거래를 성사시키며 근사한 사무실에 직원도 여러 명 거느리면서 남부럽지 않은 생활을 하고 있었다. 하루는 친구로부터 국내에서 공구도매상을 하는 먼 친척 뻘 되는 사람이 독일에서 공구를 수입해다 팔려고 하는데 무역에 대해 아는 것이 없으니 한번 도와주지 않겠느냐는 요청을 받았다.

친구와 같이 도매업자를 만나보니 무역도 무역이거니와 영어 한 마디 하지 못하는 처지라서 자체적으로 수입을 추진하는 것이 불가능한 상황이었으므로 도와주는 셈치고 도매업자를 대신해서 독일 업체를 접촉하게 되었다. 도매업자는 어디서 입수했는지 아직 한국시장에 진출하지 않은 독일 공급업체의 리스트까지 건네주면서 가격을 받아달라고 했고 그는 어렵지 않게 독일 업체와의 거래를 알선해줄 수 있었다.

그는 처음부터 독일 업체에게 자신과 도매업체와의 관계를 설명하고 자신이 독일 업체의 에이전트가 되고 수입은 도매업체 명의로 하면서 독일 업체로부터 커미션을 받는 식으로 거래를 진행시켰고 깔끔한 일 처리로 양쪽 모두로부터 신임을 받았다. 그는 자신이 기존에 취급하고 있던 산업설비 아이템이 워낙 사업성이 좋았기 때문에 공구에 대해서는 별다른 관심을 갖지 않고 그저 도매업자를 도와준다는 생각으로 일을 처리하고 있던 중 예기치 못한 상황의 변화를 맡게 되었다.

한국시장에서 기대 이상의 영업실적을 올리게 된 미국의 산업설비업체에서 자체적으로 지사를 설치하여 직접 영업에 나서기로 결정한 것이었다. 독점계약서상에 3개월 전에 통보만 하면 일방적으로 독점권을 파기할 수 있다고 명시되어 있었기에 별다른 항의를 할 수도 없었다.

미국제 산업설비의 오퍼권을 상실하고 한동안 좌절감에 빠져 있던 그는 자신도 모르게 도매업체가 수입 판매하던 독일제 공구에 관심을 갖게 되었고 급기야 그동안 자신을 믿고 독일 업체와의 거래를 진행해 오던 도매업체를 제쳐두고 자신이 직접 수입해서 다른 도매상에게 판매하는 방법으로 새로운 사업을 시작하게 되었다.

먼저 수입판매를 했던 도매업체에서는 난리가 났지만 그는 아랑곳하지 않고 다수의 도매상을 통한 판매의 극대화를 꾀했고 얼마 안 가서 공구수입업체로서 명성을 드날리게 되었다. 한동안 승승장구하던 그는 그러나 한순간에 무너지고 말았다. 자신이 수입한 공구를 판매하던 도매상 중 하나가 부도가 나면서 거액의 판매대금을 날려버린 것이었다.

그동안 수입판매를 통해 벌어 놓은 이익금은 물론 지난날 산업설비를 오퍼하고 벌어들였던 커미션까지 모두 날려버린 그는 더 이상 수입할 자금을 마련할 길이 없어 사무실 간판을 내릴 수밖에 없었다. 자신을 철썩 같이 믿었던 도매업자를 배신하면서까지 일구어 놓은 사업이 한순간에 종말을 고하고 만 것이었다.

잘 나가던 오퍼상에서 수입상으로 변신했던 그는 이제 다시 새로 시작하는 오퍼상의 입장으로 새로운 아이템을 잡기 위해 독일 전시회에 참관하러 가는 길이라고 했다. 처음 만난 사람에게 자신의 부끄러운 과거를 고백하는 그의 표정에는 짙은 회한이 서려 있었다. 그러기에 인생만사가 새옹지마라고 했던가?

수입을 중단한 사연

오퍼상으로서 제삼자간의 거래알선 업무에만 치중하다가 처음 자체적으로 수입판매를 하기로 하고 영국으로부터 사무기기를 수입하게 되었다. 사무기기전시회에도 출품하고 DM발송 등을 통해 그런 대로 시장에 발을 붙이게 되었는데 문제가 발생했다.

재고가 얼마 남지 않은 상태에서 새로운 주문을 냈는데 아무런 회신이 없는 것이었다. 팩스를 통해서 수차례 독촉을 했음에도 불구하고 견적서조차 보내주지 않는 상대방의 무성의에 화가 치밀었지만 그럴수록 감정적으로 대응하면 이쪽만 손해라는 생각에서 계속해서 정중한 어조로 빠른 회신을 요청했더니 한 달이 다 되어서야 간단한 답신이 왔다. 담당자가 바뀌는 바람에 일이 지연되고 있으니 조금만 더 기다려달라는 것이었다.

이번에 처음 주문한 것도 아니고 오더량을 제외하고는 지난번 주문한 내용과 별로 달라진 것도 없으니 아무나 대신해서 견적서를 보내주면 되련만 새로운 담당자가 업무를 파악할 때까지 기다리라는 무책임한 태도에 망연자실해질 수밖에 없었다. 주문을 받기가 무섭게 고맙다고 답장을 보내야 직성이 풀리는 우리의 사고방식과는 너무나 큰 차이가 있었다. 결국 주문을 낸 지 두 달이 다 되어서야 견적서를 받을 수 있었고 (그나마도 잘못 작성되어 두 번이나 재발급 요청을 해야 했다) 우여곡절 끝에 재고가 떨어진 지 수개월이 지난 후에야 주문한 물건을 받을 수 있었다.

하도 억울하기도 하고 아직 합의에 이르지 못한 국내 독점판매권 등에 관해 상의하려고 수출담당 이사에게 전화를 했더니 마침 자기가 홍콩에 출장 갈 일이 있으니 스케줄이 되면 홍콩에서 만나서 자세한 얘기를 나누자고 했다. 홍콩까지 오면서 서울에 들렀다 가면 안 되느냐고 물었더니 그럴만한 시간이 없다고 했다.

하는 수 없이 영국회사 사람을 만나기 위해 홍콩까지 날아갔는데 만나자마자 수출담당 이사가 하는 말이 가관이었다. 다음 미팅 스케줄이 밀려 있으니 되도록 빨리 회의를 끝낼 수 있도록 협조해달라고. 회의가 좋은 분위기에서 진행될 턱이 없었다. 수출담당 이사는 업무처리가 늦어진 것은 담당자 교체에 따른 불가피한 것이었다며 대수롭지 않게 넘어갔고 오더처리가 지연되어 입은 영업손실에 대해서는 자기네들이 알 바 아니라며 무시해버렸다.

독점판매권에 대해서는 말도 꺼내지 못하고 씁쓰름한 심정으로 서울행 비행기에 올랐다. 그 후 몇 달간의 숙고 끝에 해당 아이템의 수입을 중단하기로 결정을 내렸다. 사업성만으로 보면 장기적으로 괜찮은 아이템이었지만 수출담당 이사를 비롯한 공급처 직원들의 무성의와 무책임한 자세 때문에 그러한 결정을 내릴 수밖에 없었다. 아무리 사업성이 좋더라도 수출자와 수입자간의 긴밀한 유대관계가 없이는 성공하기가 힘든 것이다.

다시는 상대방을 볼 수 없을지도 모른다

해외 출장지에서 업무를 마치고 상대방과 작별인사를 할 때마다 다시 만날 수 있을까 하는 회의가 머릿속을 감돌곤 한다. 상대방이 불치의 병을 앓고 있는 것도 아니고 유달리 나이가 많은 것도 아닌데 어쩐지 다시는 못 볼 것 같은 불길한 생각이 들 때가 많다. 아직도 크고 작은 이별에 익숙하지 않은 까닭이리라.

따지고 보면 같은 나라에 살면서도 바쁘다는 핑계로 일 년에 한 번 얼굴조차 보기 힘든 친구나 친척도 많은데 매년 얼굴을 맞대고 상담을 나눌 수 있는 상대와의 이별을 가슴아파할 이유가 없으나 바다 넘어 먼 곳에 살고 있다는 사실 하나 때문에 헤어질 때마다 재회의 기약이 없음을 아쉬워하게 되는지도 모른다.

우리가 어떤 사람을 대할 때 다시는 그 사람을 보지 못할 수도 있다고 생각한다면 상대방을 대하는 태도가 훨씬 더 진지해지고 상대방에게 좋은 인상을 남기려고 노력할 것이다. 사업상 사람을 만날 때에도 다시는 그 사람을 만날 수 없을지도 모른다는 생각으로 상대방을 대하면 조금은 더 상대방의 입장을 헤아리게 될 것이고 결과적으로 우호적인 상담 분위기를 조성하여 좋은 결과를 얻을 수 있을 것이다.

모든 상거래가 결국은 사람들에 의해서 결정되고 진행되는 것일진대 언젠가는 헤어져야만 하는 인간의 유한성을 생각한다면 지금 이 순간 얼굴을 마주 대하고 있는 상대방에게 최선을 다해야 하지 않을까?

비즈니스 파트너로서의 일본

네덜란드인 무역상과의 만남

아무런 연고도 없이 오퍼상을 시작해서 우여곡절 끝에 스위스에 소재한 제약원료 공급업체와 연결되어 알프스 산자락에 자리잡은 사무실을 방문하게 되었다.

그 회사의 사장은 육십대 중반에 접어든 노인이었는데 호수가 내려다보이는 산 중턱에 자리잡은 저택의 이층에 거주하면서 일층 전체를 사무실로 꾸미고 여직원 세 명과 함께 일하고 있었다. 비록 작은 규모의 회사였지만 고가의 제약원료만을 취급하면서 알차게 운영되는 회사였다.

방문하기 전에 이미 수차례 서신왕래를 통해 에이전트로 일하는 것에 대한 언질이 있었으므로 오전 시간 내내 에이전트로 일하는 데 필요한 아이템에 관한 설명 및 시장동향에 관한 브리핑을 받고 점심식사를 위해 사무실 인근의 조그만 식당으로 자리를 옮겼다.

식사를 하는 동안 무작정 오퍼상을 시작해서 아이템을 구하지 못해 고생했던 얘기를 늘어놓았더니 한동안 듣고만 있던 스위스 회사의 사장은 잠시 감회에 젖는 표정을 짓더니 자신이 지내온 얘기를 들려주었다.

그는 원래 네덜란드 출신으로 삼십대에 무역에 입문해서 손대보지 않은 아이템이 없을 정도로 수많은 아이템을 취급하면서 형용할 수 없는 좌절과 실패를 거듭하다가 아주 우연한 기회에 지금 취급하고 있는 제약원료와 연결이 되어 자리를 잡게 되었다고 했다.

제약원료 전문 무역상으로 자리를 잡으면서 상당한 돈을 벌게 된 그는 나이가 들면서 그동안 바쁘게 살아온 세월에 대한 회의가 들기 시작했고 번잡한 도시를 떠나 자연과 접하며 살고 싶은 오랜 동안의 꿈을 실현하기 위해 스위스 전역을 답사하면서 마땅한 곳을 물색하다가 지금 살고 있는 곳으로 이주하게 되었다고 했다.

얘기를 마친 사장은 내 얘기를 들으면서 전문무역상으로 자리를 잡을 때까지 고생하던 시절의 자신의 모습을 보는 듯한 느낌이 들었다고 하면서 한국시장에 대한 독점 오퍼권을 줄 터이니 잘해 보라며 격려해 주었다.

그의 격려와 배려 덕분에 사업 초기의 좌절감에서 벗어날 수 있었고 그날의 소중한 만남의 의미를 오래도록 간직하고 있다.

스위스에서의 약속

스위스 하면 알프스의 눈 덮인 풍경과 함께 고급 시계의 이미지가 떠오른다. 면적도 작고 별다른 자원도 없는 불리함 속에서도 시계산업을 세계적인 수준으로 끌어올린 배경에는 그들 특유의 철저한 장인정신과, 아울러 시계만큼이나 정확한 그네들의 생활습관이 뒷받침 되었음을 주목할 필요가 있다.

내가 알프스 산자락에 자리잡은 거래처를 방문하기 위해서 인근 마을에 있는 호텔에 짐을 풀고 전화를 했더니 다음 날 아침 9시경에 호텔로 데리러오겠다고 했다.

다음 날 아침식사 후 호텔 로비에서 기다리고 있었더니 정확히 9시에 그 회사의 여직원이 나타나서 악수를 청했다. 그녀의 안내를 받아 거래처를 방문해서 상담을 마치고 다음 날 다시 방문하겠다고 했더니 같은 시각에 호텔로 데리러오겠다고 했다. 다음 날 아침 전날과 마찬가지로 로비에서 기다리고 있는데 9시 정각이 되자 어김없이 그녀가 나타났다.

첫날에는 별로 대수롭지 않게 생각했으나 아무리 교통이 혼잡하지 않은 시골이라고 해도 이틀을 연속해서 한 치의 오차도 없이 정확히 약속한 시간에 모습을 드러내는 것이 이상한 생각이 들어 그 여직원에게 비결이라도 있느냐고 물어보았더니 사실은 이틀 모두 약속시간 전에 호텔에 도착해서 밖에서 시간을 보내다가 9시 정각에 나타난 것이라고 했다.

약속시간에 일이십 분 정도 늦는 것은 당연하게 생각하고 길이 막혔다는 등의 궁색한 변명을 늘어놓는 것에 익숙했던 나에게는 지나치다

싶을 정도로 정확한 그녀의 시간관념이 예사롭게 보이지 않았지만 이내 그와 같은 철저함이 비단 그녀에게만 국한된 것이 아니고 대부분의 스위스 사람들에게 생활화되어 있음을 느낄 수 있었다.

그들이 만든 시계만큼이나 정확한 그네들의 생활습관이야말로 오늘날 그들로 하여금 세계 최상위의 소득수준을 향유하게 하는 바탕이 되지 않았을까.

인도상인에 대한 선입견

흔히 인도상인과 거래를 할 때는 상대방의 페이스에 말려들지 않도록 조심해야 한다고 한다. 워낙 임기응변에 능하고 상술이 뛰어나서 자칫 잘못하다간 낭패를 볼 수도 있으니 인도상인과 상대할 때는 각별한 주의를 기울이라는 충고를 듣기도 한다.

다행인지 불행인지 나는 인도상인과 관계를 맺을 일이 없어서 별로 실감을 하지 못하고 있었는데 우연찮게 국내거래처로부터 특수한 원료의 해외공급처를 찾아달라는 요청을 받고 알아보니 그 원료가 인도와 네팔의 국경에 걸쳐 있는 히말라야산맥에서 주로 생산되며 인도상인이 해당 원료의 국제시장을 장악하고 있음을 알게 되었다.

인도상인과의 거래를 피할 수 없는 상황에 이르렀으므로 다소 조심스럽게 해당 원료를 공급하는 인도업체와 접촉하였고 홍콩에 자리잡은 그들의 무역사무소에서 인도인 사장과 첫 미팅을 갖게 되었다. 사장은 나이 육십을 넘긴 노인이었는데 흡사 간디를 연상시킬 정도로 온화한 모습을 하고 있었고 그리 크지 않은 사무실 여기저기에는 갖가지 종교적인 사진과 불상 등이 진열되어 있어서 마치 인도의 사원에 들어선 듯한 느낌을 받았다.

사장은 한국업체와는 직접적인 거래가 없었으나 일본이나 홍콩업체를 통해서 간접적으로 공급을 하고 있다고 하면서 해당 원료의 샘플과 함께 가격을 제시해 주었다. 한국에 돌아와서 거래업체에 미팅결과를 설명하고 샘플과 가격을 제시하였으나 거래처에서는 고가의 원료인데다 인도상인을 믿고 거래를 하기가 불안하다며 나에게 품질이나 납기에 문제가 발생하면 책임을 지겠다는 각서를 제출하라고 요청했다.

다소 무리한 요청이었지만 거래를 성사시키기 위해서 거래처의 요청대로 각서와 함께 정식 오퍼를 발행하였는데 신용장이 개설되어 물건이 도착할 때까지 혹시나 일이 잘못되어 낭패를 보지 않을까 하는 불안감을 쉽사리 떨쳐버릴 수가 없었다.

하지만 그런 걱정은 그야말로 기우에 불과하였고 인도상인은 신용장이 개설되기가 무섭게 물품을 선적하였으며 품질검사 결과 무난히 합격판정을 받아 거래처로부터 고맙다는 인사까지 받게 되었다. 그동안 홍콩업체를 통해서 비싼 가격에 물품을 공급받던 거래처로서는 훨씬 저렴한 가격에 인도상인과 직거래에 성공하였다는 것에 크게 고무되어 처음 오더한 물건이 도착한 지 얼마 되지도 않아 새로운 오더를 발주하였다.

몇 번의 거래가 더 이루어진 후 다른 업무차 홍콩을 방문하는 길에 인도인 사장을 다시 만나게 되었다. 그때는 다 지나간 일이지만 첫 오더를 따기 위해서 거래처에게 각서를 써주고 안절부절못했던 얘기를 했더니 사장은 조용한 목소리로 자신의 얘기를 들려주었다.

자신은 인도의 귀족계급에 속하는 가문의 삼대독자로서 삼대째 해당 원료를 공급하는 사업을 해오면서 상당한 돈을 벌어 인도와 네팔 등지에 있는 고급호텔을 세 개나 인수해서 운영할 정도로 재력을 쌓았으나 자식들이 가업이다시피 한 원료공급 사업에 관심이 없어서 부득이 아들들에게 호텔 운영을 맡기고 자신은 홍콩에 주재하면서 가업을 잇고 있다는 것이었다.

그는 이제 돈도 벌 만큼 벌고 나이도 들어 은퇴를 하고 편안한 여생을 보내고 싶어도 자신의 선조 때부터 물건을 납품하는 현지 원료조달업자들의 간청을 거절하지 못해서 사업을 정리하지 못하고 있다고 했다. 그러면서 자신은 더 이상 돈에 대한 욕심이 없고 단지 가업을 잇는다는 소박한 마음으로 사업을 하고 있으므로 절대 얕은 꾀를 부리거나 얼마 안 되는 이익에 연연하여 나를 곤란한 처지에 빠뜨리는 일은 없을 것이라며 안심시켰다.

그의 말은 모두 사실이었고 그 후로도 그가 공급한 원료로 인해서 곤란에 처한 적은 별로 없었다. 인도상인과 믿고 거래를 하는 것이 불안하다는 것은 그야말로 극소수의 좋지 않은 경험을 한 사람들의 선입견에 불과한 것이다. 세상을 살면서 모든 선입견으로부터 자유로울 수는 없겠지만 자신이 직접 경험한 것이 아니라면 지나친 선입견을 갖고 일을 그르치는 우는 범하지 말아야 하겠다.

중국인 조지

조지는 대만 거래처 사장의 아들이다. 오십을 넘긴 나이에도 불구하고 팔순이 넘은 부친이 워낙 정정한 탓에 아직껏 부친의 감독 하에 수입 업무를 담당하고 있다.

조지의 집안은 중국본토에서 꽤나 알아주던 부호였는데 장개석 총통이 본토에서 쫓겨나면서 대만으로 이주해 정착하게 됐다고 한다. 조지는 그 집안의 삼대독자로서 집안의 엄청난 보호와 관심 속에 자라났지만 그것이 오히려 화가 되었는지 막상 성인이 되어서는 방탕한 생활에 빠지게 되었고 집안의 기대와는 달리 건달세계에서 헤어나오지 못하고 젊은 시절을 방황과 좌절 속에서 보내야만 했다. 그의 나이 사십이 다 되어서야 조금씩 자신의 모습을 돌아다보게 되었고 주변 사람들의 끈질긴 설득 끝에 부친이 경영하는 회사에 합류하여 수입 업무를 담당하게 되었다.

그를 처음 만난 것은 그가 수입업무를 시작한 지 얼마 되지 않은 때였는데 첫 인상부터가 범상치가 않았다. 짧은 스포츠 머리에 번득이는 눈빛하며 비즈니스맨이라기보다는 영락없는 건달 모습 그대로였다. 그의 영어는 상당히 거칠었고 문법 따위는 아랑곳없이 단어를 늘어놓는 수준이었는데 그럼에도 불구하고 한번 입을 열면 끼어들 틈을 주지 않고 몇 십 분이고 혼자서 얘기하기 일쑤였다.

게다가 사업에 대한 얘기는 제쳐두고 자신의 살아온 얘기를 늘어놓는 데 많은 시간을 허비했다. 어떻게 해서라도 사업얘기로 화제를 바꿔보려고 하면 한두 마디 사업애기를 하는 듯하다가 어느새 그가 이제까지 살아온 얘기하며 가족간의 사소한 문제에 이르기까지 그야말로 사업과는 전혀 상관없는 얘기를 밤늦도록 늘어놓았고 한술 더 떠서 나의 가족관계에서부터 어떻게 살아왔는지 등을 꼬치꼬치 캐묻기까지 했다. 처음에는 그의 상식을 벗어난 태도에 당황스럽기도 했지만 나중에야 그가 의도적으로 사업애기보다 서로의 개인적인 얘기를 나누는 것에 많은 시간을 할애했다는 것을 알게 되었다.

첫 거래를 성사시킨 후 두 번째로 대만을 방문했을 때도 그는 사업애기는 접어둔 채 그동안 그에게 일어났던 개인적인 얘기를 늘어놓기 시작했다. 자정이 다 되어 나의 호텔방을 나서면서 그가 말했다. "어차피 사업에 관한 내용이야 뻔한 것이고 서로 믿고 거래하는 것이 중요한 것 아닌가? 나의 모든 것을 얘기해 주고 당신의 모든 것을 알고 나서 서로간에 믿음이 생긴다면 사업은 저절로 되는 것이다. 이것이 내가 오랫동안의 건달생활에서 터득한 사업철학이다."

그는 대충 이런 요지의 말을 남기고 사라졌다. 나는 한동안 그가 남긴 말의 의미를 되새겨보고 나도 모르게 고개를 끄덕거렸다. 그 후 그와의 거래는 아무 막힘없이 물 흐르듯 풀려나갔다. 서로간에 인간적인 믿음이 있었기에….

마 사장의 선물

홍콩의 마 사장과는 10년이 넘게 왕래를 하고 있다. 지금은 아무런 거래관계도 없으나 그가 한국에 들어올 때나 내가 홍콩에 나갈 때면 부득이한 경우를 제외하고는 반드시 짬을 내어 만나곤 한다.

어느새 마 사장의 나이도 우리 나이로 환갑이 넘었건만 아직도 쩌렁쩌렁한 목소리하며 흰머리 하나 보이지 않는 단단한 모습에서 환갑 노인의 모습을 찾아볼 수가 없다. 비록 나이는 나보다 한참 위지만 항상 쾌활하고 매사를 긍정적으로 바라보는 그를 대할 때마다 나까지 덩달아 활력에 넘치게 된다.

그는 원래 내가 동남아 에이전트를 맡고 있는 이탈리아 회사의 홍콩 대리점의 무역담당 매니저로 일하고 있었다. 처음에 이탈리아 물건을 소개하러 그를 만나러 갔을 때 어떻게 한국 사람이 이탈리아 물건을 홍콩에 팔 수 있는가 하고 의아해하기도 했지만 이내 동남아 에이전트로서의 나의 역할을 이해하고 적극적인 협조를 아끼지 않았다.

그의 도움으로 이탈리아 물건을 홍콩시장에 성공적으로 선보일 수 있었는데 그로부터 불과 일년도 되지 않아서 그가 회사를 그만두게 되었다는 소식을 듣게 되었다. 그보다 한참이나 나이가 어린 사장과의 마찰로 인해 홍콩에서는 보기 드물게 10년 이상이나 다니던 회사를 그만두게 되었다는 것이었다. 그의 사직과 상관없이 그 회사에서는 이탈리아 물건의 수입판매를 계속하였고 그는 무역상으로 독립을 하였다.

그가 독립을 하고 얼마 안 되어 서울을 방문하였는데 나는 만사를 제쳐놓고 밤낮으로 그와 함께 다니며 그가 수입해갈 만한 아이템을 수배해주고 메이커와의 만남도 주선해 주었다. 그는 내가 소개해준 한국업체 중 몇 군데와 연결이 되어 무역상으로서 자리를 잡게 되었고 일년에 한두 번씩 서울에 올 때마다 나에게 전화하는 것을 잊지 않았다.

한번은 서울에 온 그와 점심식사를 같이 하고 헤어지려는데 그가 조그만 선물꾸러미를 내놓으면서 자기 부인이 나에게 선물하는 것이라고 했다. 꾸러미를 풀어보니 손으로 짠 듯한 조그만 화병 받침이 들어 있었다. 그는 계면쩍은 표정으로 자기 부인이 직접 만든 것이라고 했다. 나는 갑자기 코끝이 찡해옴을 느꼈다. 비록 값비싼 선물은 아니었지만 자기 남편을 도와준 이방인을 생각하며 한올 한올에 정성을 기울였을 그의 부인을 생각하니 그렇게 소중해 보일 수가 없었다.

나는 아직도 그때 선물 받은 화병받침을 사용하지 않고 잘 보관하고 있다. 이제껏 내가 받아본 어느 선물보다도 값진 것이기에….

영어사전과 함께한 미팅

내가 동남아 수출에이전트로 일하고 있는 이탈리아 제품의 태국 수입업체는 오랫동안 관련제품을 외국에서 수입해서 판매해오고 있는 전문수입상이다.

그 업체의 사장은 육십이 훨씬 넘은 중국계 노인으로서 젊었을 때 관련업종에서 판매원으로 일하다가 독립해서 삼십 년 가까이 수입판매업을 해오고 있다. 방콕시내에 자리잡은 그의 사무실을 처음 방문했을 때 환갑을 넘긴 노인인데도 불구하고 모든 업무를 직접 챙기는 모습이 인상적이었다.

사무실은 창고 한구석 모퉁이에 자리잡고 있었고 달랑 책상 두 개와 샘플을 전시해 놓은 진열장이 전부였다. 사무실에는 왜소한 체구의 여직원이 사장과 나란히 앉아서 서류를 정리하고 있었는데 나중에 알고 보니 사장의 첫째 며느리였다.

사장은 내가 묻기도 전에 장남에게 같이 일하자고 여러 번 얘기했지만 도무지 말을 듣지 않는다고 불만스런 목소리로 말했다. 그의 장남은 경찰관이었는데 사업보다는 경찰관 일이 좋다고 한사코 아버지의 뜻을 따르려 하지 않는다는 것이었다. 여간해서는 고용인에게 돈과 관련된 일을 맡기지 않는 중국인의 피를 이어받은 사장은 할 수 없이 며느리에게 아들 대신 회사의 경리 및 중요서류를 관리하는 업무를 맡기게 되었다고 했다.

대충 이런 저런 얘기를 나누고 본격적으로 상담에 들어가려고 하는데 문제가 발생했다. 인사를 나누고 개인신상에 대한 얘기를 나누는 데는 그런대로 의사소통이 되었는데 막상 구체적인 상담을 하려고 하니 사장의 짧은 영어로 인해서 미묘한 사안에 대해서 서로의 의사를 전달하기가 힘들었다.

조금이라도 어려운 단어나 전문용어가 나오면 상담이 중단되기 일쑤였다. 제스처까지 동원해서 서로의 의사를 전달하느라 진땀을 흘리고 있었는데 한동안 옆에서 지켜만 보고 있던 며느리가 제법 두툼한 사전

하나를 내밀었다. 영어와 태국어를 교차해서 찾아볼 수 있는 겸용사전이었다.

그때부터 모르는 단어가 나올 때마다 사전을 찾아보면서 회의를 진행했다. 사전에서 원하는 단어를 찾아내고는 환한 미소를 짓는 시아버지와 며느리의 모습이 그렇게 천진하게 보일 수가 없었다. 덕분에 예정했던 시간보다도 훨씬 더 많은 시간을 소비해야 했지만 서로가 하고 싶은 얘기를 충분히 나눌 수 있었다.

다음 해 그의 사무실을 다시 방문했을 때 사장은 한 손에 사전을 들어 보이며 악수를 청했다. 언어의 장벽이란 그리 높은 것이 아니었다.

비즈니스 파트너로서의 일본

내가 처음 무역에 손을 댔을 때는 일부러 일본 쪽은 쳐다보지도 않았다. 지리적으로 가깝다는 이점 외에도 우리나라에서 소비재는 물론 산업 관련 기자재에 이르기까지 일제의 영향력이 대단하다는 것을 모르는 바 아니었으나 아무래도 일본과는 오래전부터 교역이 활발해서 새로 시작하는 초보자가 기회를 찾기는 쉽지 않을 것이라는 판단 때문이었다.

그러다 보니 자연스럽게 미국이나 유럽업체 중에서 한국시장에 관심을 갖고 있을만한 회사를 찾아내는 데 주력하게 되었고 결과적으로 일본은 그야말로 가깝고도 먼 나라가 되고 말았다. 오퍼상을 하면서 아프리카를 제외하고는 안 가본 데가 없을 정도로 전 세계를 누비고 다녔건만 정작 제일 가까이 있는 일본에는 오퍼상을 시작한 지 10년째로 접어든 1996년도에야 첫 나들이를 했을 정도였다.

그러나 차츰 일본업체와의 거래가 활발해지고 왕래가 잦아지면서 사업초창기에 일본을 멀리했던 나의 판단이 잘못 되었음을 깨닫게 되었다. 등잔 밑이 어둡다고 산업전반에 걸쳐 막강한 경쟁력을 구축하고 신제품 개발에도 일가견이 있어서 아이템이나 거래처개발의 여지가 무궁무진한 이웃나라를 두고 공연히 비싼 돈 들이면서 시차 적응에도 어려움을 겪는 유럽이나 미국을 헤매고 다닌 것이 아닌가 하는 후회를 하게 되었다.

이제까지 내가 경험한 바로는 비즈니스를 하기에 가장 좋은 나라는 스위스나 독일이라고 생각하는데 일본도 그들 나라와 견주어 전혀 손색이 없을 정도로 좋은 이미지를 갖고 있다. 무엇보다도 일본인들은 약속을 지키는 데 철저하다. 이제껏 일본업체와 거래를 하면서 사소한 부분에 이르기까지 그들이 약속을 지키지 않아서 낭패를 당해 본 적이 거의 없다.

무역거래를 함에 있어 약속을 지키는 것이야 당연한 것이 아니냐고 생각할지 모르지만 의외로 많은 나라의 업체들이 자신들이 약속한 사항을 지키지 않고서도 별로 대수롭지 않게 생각하는 경우가 많다. 일 처리가 꼼꼼하고 완벽하다는 것이 일본업체의 또 한 가지 장점이다. 무역거래를 하다보면 서류 하나 제대로 작성하지 못해서 애를 먹는 경우가 많은데 일본업체와 거래를 할 때는 그런 걱정을 할 필요가 없을 정도로 사소한 서류 하나를 작성하는데도 완벽을 기하기 마련이다.

물론 상황 변화에 너무 약삭빠르게 대처한다든지 첫 거래를 트기까지 너무 뜸을 들인다든지 하는 등의 문제점이 없는 것은 아니지만 이제까지 내가 겪어 본 경험에 비추어볼 때 일본업체와의 거래에서 크게 낭패를 볼 일은 없다고 본다. 적어도 비즈니스에 관한 한 일본만한 파트너도 흔치 않은 것 같다.

이탈리아 국제영업 세미나

내가 동남아 수출 에이전트로 일하고 있는 이탈리아 회사에서는 몇 년에 한 번씩 전 세계의 수입상과 에이전트들을 초대해서 신제품 발표 및 영업전략회의를 개최한다. 몇 년 전 회사 창립 50주년을 맞은 이탈리아 업체에서는 특별 이벤트를 준비해서 이탈리아북부 휴양지에 자리잡은 호텔에서 3박4일간에 걸친 프로그램을 진행한 바 있다.

낮에는 호텔 회의실에서 회사의 영업전략과 관련된 세미나를 개최하거나 개별 회의를 진행하고 저녁에는 유명한 레스토랑이나 공연장으로 초대하여 만찬을 베푸는 식으로 극진한 대접을 받았다. 물론 호텔 숙박비를 포함한 모든 비용을 회사측에서 부담하였고 사장을 포함한 주요 임직원들이 숙식을 같이하면서 불편함이 없도록 모든 배려를 아끼지 않았다.

나는 그 프로그램에 참석한 유일한 동양인이었다. 미국, 유럽은 물론 아프리카나 남미에서 활동하는 수입상과 에이전트까지 거의 다 참석하였지만 내가 관리하는 동남아 지역의 수입상 중에는 언어상의 문제와

회의문화에 익숙하지 않은 탓으로 누구도 선뜻 참석하겠다는 사람이 없었다.

전 세계 30여 국가에서 온 참석자들과 3박4일을 같이 보내다 보니 비록 짧은 기간이었지만 국가별로 다양한 성격의 사람들과 어울리게 되었다. 프랑스에서 온 수입상은 콧대가 높다는 프랑스인에 대한 인상을 깨끗이 불식시킬 정도로 겸손하면서도 사교적인 성격으로 참석자들과 두루 어울렸으며, 독일에서 온 수입상은 다소 거만한 인상에도 불구하고 논리적이고도 당당한 어조로 세미나를 주도해 나갔다.

스웨덴에서는 에이전트와 수입상이 함께 참석했는데 에이전트는 과묵한 반면에 수입상은 코미디언 뺨칠 정도의 유머감각으로 참석자들을 즐겁게 해주었다. 터키에서 온 수입상은 세미나기간 내내 한 마디의 발언도 하지 않을 정도로 소극적인 자세로 일관했고 멀리 뉴질랜드에서 온 참석자는 안건이 바뀔 때마다 자신의 의견을 발표하는 등 적극적인 자세를 잃지 않았다.

참석자 중 제일 인기를 끈 사람은 러시아에서 온 현지합작회사의 여직원이었는데 웬만한 모델이나 영화배우를 능가할 정도의 뛰어난 미모 때문에 세미나기간 내내 참석자들의 관심을 독차지했다.

세미나가 끝나고 하나둘씩 귀국길에 오르면서 작별 인사를 나누는 사람들의 표정에는 한결같이 아쉬운 표정이 서려 있었다. 서로 다른 나라에서 멀리 떨어져 살고 있지만 같은 회사의 제품을 판매한다는 것에서 남다른 인연의 끈을 느꼈는지도 모른다.

당신도 무역을 할 수 있다

무역인의 특권

무역 일을 하다보면 여러 가지 특권을 누리게 된다. 제일 먼저 손꼽을 수 있는 것이 해외여행이 자유롭다는 것이다. 내가 처음 미국비자를 받을 때만 해도 대부분 한 번밖에 사용하지 못하는 관광비자나 방문비자를 받는 데도 상당한 시간이 걸리거나 석연치 않은 이유로 아예 발급을 못 받는 경우도 비일비재했다.

나는 갑작스레 미국거래처를 방문할 일이 생겨서 부랴부랴 비자신청을 하게 되었는데 비자발급이 늦어질까봐 안절부절못하는 나에게 여행사 직원이 걱정하지 말라며 사업자등록증과 미국회사와 거래를 하고 있다는 것을 입증할 만한 서류를 준비해달라고 했다. 며칠 후 미국대사관에 가서 인터뷰를 하게 되었는데 미국 방문 목적을 묻는 질문에 미국에

있는 거래처와 미팅을 하러 간다고 했더니 더 이상 묻지 않고 되었다고
했다. 그렇게 짤막한 인터뷰 한 번하고 10년짜리 복수비자를 발급받았
다. 무역 일을 한 덕분에 그 어렵다는 미국비자를 무려 10년 동안이나
아무 때나 몇 번이고 반복해서 사용할 수 있는 복수비자를 발급받은 것
이다. 그야말로 무역 일을 하지 않았다면 누리기 힘든 특권이다.

돈을 벌면서 외국구경 실컷 하고 다양한 외국사람들과 사귀면서 폭넓
은 경험을 쌓을 수 있다는 것도 무역하는 사람만이 누릴 수 있는 특권이
아닐 수 없다. 설사 무역을 해서 큰돈을 벌지 못한다고 하더라도 이 세
상에 태어나서 좁은 땅덩어리 안에서 아옹다옹하지 않고 넓은 세상을
상대로 꿈을 펼칠 수 있다는 것이 얼마나 대단한 특권인가?

독립하려면 무역을 배우라

얼마 전에 캐나다로 이민간 친구가 잠시 귀국했다. 중고등학교에다
대학교까지 같은 학교를 다녔으므로 보통 친한 사이가 아니었는데, 오
랜만에 만난 그의 얼굴에는 시름이 가득 차 있었다. 사연을 들어보니 도
대체 이민생활에 적응이 되지 않는다는 것이었다.

자연환경으로만 따지면 세상에 그보다 더 좋은 곳이 없을 정도로 깨
끗한 공기며 울창한 수풀이며 마치 영화 속에 살고 있는 것처럼 더 이상
바랄 것이 없지만 문제는 일거리가 없다는 것이었다. 그는 이민생활이
삼년째로 접어들고 있건만 아직껏 한 번도 일다운 일을 해보지 못하고

고등 룸펜으로 전락하고 말았다는 푸념을 늘어놓았다.

하기야 캐나다사람들도 일자리를 구하지 못해서 난리인데 말도 제대로 통하지 않는 한국사람이 제대로 된 일자리를 구하기가 쉬울 까닭이 없다. 그는 현지에서 한국인들을 상대로 하는 장사라도 할까 했으나 그 또한 경기가 좋지 않아 먼저 시작한 사람들조차 문을 닫는 경우가 많아서 엄두를 내지 못하고 급기야 다시 한국에 들어와서 할 만한 일이 없을까 알아볼 요량으로 태평양을 건너오게 되었다고 했다.

무슨 일을 하고 싶으냐고 물었더니 이왕이면 사무실에서 넥타이 매고 할 수 있는 일이었으면 좋겠다고 했다. 캐나다에서야 장사라도 할 각오가 돼 있지만 아무래도 대학교까지 나온 사람이 한국에서 장사를 하기에는 좀 그렇다는 것이었다. IMF사태 이후에 우리나라 사람들의 직업관도 많이 바뀌었다고 해도 그는 좀처럼 화이트컬러 업종에 대한 미련을 버리지 못하고 무역 쪽은 어떻겠느냐며 눈치를 살폈다.

따지고 보면 월급쟁이를 제외하고 자신이 독립적으로 할 수 있는 화이트컬러 업종 중에 무역만큼 만만해 보이는 직종도 없을 것이다. 하지만 아무런 경험도 없이 무역에 발을 디딘다는 것이 어디 말처럼 쉬운 일인가? 무역이라는 것이 알고 보면 아무 것도 아닐지 모르지만 그래도 무역의 '무' 자도 모르는 상태에서 시작하기에는 그의 나이가 너무 들었다는 것을 지적해 줄 수밖에 없었다.

솔직한 지적에 실망감을 감추지 못하던 그는 이내 자신의 직장경력을 탓하기 시작했다. 그는 꽤 알아주는 기업체에서 주로 총무나 인사 쪽의 일을 담당했었다. 한때는 최고경영자의 수행비서를 할 정도로 능력을 인정받았지만 막상 퇴직을 하고 독립적인 사업을 하고자 하니 그야말로 장사 외에는 할 것이 없었다. 기업체의 입장에서 보면 총무나 인사업무도 대단히 중요한 업무 중의 하나이겠으나 독립적으로 사업을 하려는 사람에게는 별로 도움이 되는 경력이 못되는 것 같다.

자신이 다닌 기업과 비교도 되지 않을 정도로 별 볼일 없는 기업체에서 무역업무를 담당하다가 따로 독립해서 오퍼상이나 무역상을 하는 친구들을 보면서 부러워하기도 하고 자신의 처지를 한탄하기도 하던 그는 끝내 이민길에 올랐고 이제 다시 새로운 일거리를 찾아 귀국했으나 결과는 똑같을 수밖에 없었다. 결국 무역에 대한 미련을 접고 다시 캐나다행 비행기에 오르게 된 그는 '독립하려면 무역을 배우라' 는 말을 되뇌어야만 했다.

당신도 무역을 할 수 있다

사람들은 자신이 자신 있는 분야가 아니면 선뜻 시도해보려 하지 않는 경향이 있다. 공연히 낯선 분야에 뛰어들었다가 실패를 하느니 다소 만족스럽지 못하더라도 자신이 해오던 일을 계속하는 것이 안전하다고 생각하기 때문이다. 무역을 해본 경험이 없는 사람들은 무역은 학교에서 무역을 전공했거나 관련업계에 근무한 사람들만 하는 것으로 치부해 버리고 특별한 관심을 기울이지 않는 경우가 대부분이다.

하지만 경제적으로 국가간의 경계가 허물어지고 무역이 없이는 하루도 살 수 없을 정도로 국가간의 상품 교류가 활발한 이 시대를 살아가면서 무역을 무조건 남의 일이라고 치부하고 외면하는 것은 결코 바람직하다고 할 수 없다. 이 세상의 모든 일이 그런 것처럼 우리가 처음 태어날 때부터 저절로 할 수 있는 일은 아무것도 없다. 모든 것은 배워서 하는 것인데 해보지도 않고 어렵다고 생각하는 것은 소극적인 발상에 불과하다.

지금은 비록 자신이 무역과는 전혀 무관한 삶을 살아가고 있을지라도 언제 무역과 인연을 맺게 될지 아무도 모르는 일이다. 나의 친구 중에 내로라하는 제조업체에서 이십 년 가까이 영업부에서만 근무했던 그야말로 프로영업맨이 하루아침에 해외영업담당 임원으로 발령난 경우도 있다. 그때까지 국내영업에만 치중해서 변변한 해외영업조직이 없던 회사에서 해외영업을 강화하기 위해서 그때까지 국내영업에 발군의 실력을 보였던 친구를 발탁한 것인데 그 친구는 무역에 대한 경험이 전무했는데도 불구하고 얼마가지 않아 해외영업에서도 뛰어난 실력을 발휘하기 시작했다. 그도 처음에는 무역에 대한 지식이나 경험이 없어서 걱정을 많이 했지만 얼마 지나지 않아서 그와 같은 걱정이 기우에 지나지 않았음을 깨닫게 되었다.

무역을 어렵게 생각하는 주된 이유는 외국과의 거래이기 때문에 복잡한 절차가 필요할 것이라는 생각과 외국어에 능통해야만 된다는 선입견에서 기인한다고 볼 수 있다. 물론 해외거래처와 물건을 사고팔기 위해서는 국내거래와는 다른 특별한 절차를 따라야 하고 해외거래처와의 상담을 위해서는 외국어의 사용이 필수적이기는 하지만 그렇다고 해서 이러한 장애물들이 결코 극복할 수 없을 만큼 힘든 것은 결코 아니다.

무역거래에 따르는 절차는 실제로 무역거래를 몇 번 해보면 금방 익숙해지기 마련이다. 게다가 다소 복잡하다고 느껴지는 운송, 통관 및 보험 등과 관련된 제반 절차는 어차피 무역업체에서 직접 처리하는 것이 아니고 관련업체에서 모든 업무를 대행해주기 때문에 세세한 내용을 몰라도 무역업무를 처리하는 데 큰 문제가 없다. 무역에 필요한 외국어도 상황에 따라 일정한 패턴에 따라 사용하면 되기 때문에 지레 겁을 먹을 필요가 없다.

결국 무역을 할 수 있느냐 없느냐는 각자의 마음가짐에 달린 것이다. 무역을 하겠다는 의지만 있다면 누구나 무역을 할 수 있다. 외국에 팔만한 물건이 있다든지 또는 외국으로부터 들여올 만한 물건이 있다면 일단 한 번 부딪쳐 보는 용기가 필요하다.

무역하기에 적합한 아이템이 있는데도 무역절차를 몰라서 실행에 옮기지 못하는 것처럼 안타까운 일이 없다. 이는 마치 목적지는 정해져 있는데 버스나 지하철 같은 대중교통수단을 이용하는 방법을 몰라서 가지 못하겠다고 하는 것과 다를 바 없다. 당신이 조금이라도 무역에 관심이 있다면 일단 시도해 보라. 당신도 분명히 무역을 할 수 있다.

무역이여 다시 한 번

세상의 유행은 세월이 지남에 따라 변하듯이 직업에 대한 선호도도 지속적으로 변하기 마련이다. 우리나라가 한창 산업화의 바람을 타고 수출의 기치를 높이 쳐들을 때만 해도 젊은이들의 무역에 대한 관심은 하늘을 찌를 듯했다. 너도나도 무역을 배우겠다고 나서는 바람에 대학교마다 무역학과가 없는 곳이 없었고 종합상사의 입사시험에는 전국에서 내로라하는 인재들이 구름처럼 몰려들었다.

무역에 몸담음으로써 나라의 경제를 일으키고 많은 사람들에게 일자리를 만들어줄 수 있을 뿐 아니라 해외여행이 자유롭지 않던 시절에 넓은 세상을 자유로이 돌아다니며 세계 각국 사람들과 교분을 나눌 수 있다는 자부심도 대단하였다. 무역회사에 다닌다고 하면 돈 한 푼 없이도 고급술집에 가서 외상술 먹을 수 있었고 어디에 내놓아도 손색없는 신랑감으로 인정을 받았다.

그렇게 잘 나가던 무역에 대한 인기도 경제상황의 변화에 따라 점차 시들어가기 시작했다. 아직도 우리나라 경제에서 무역이 차지하는 비중은 막대하건만 어느새 주력 수출품목이 반도체나 자동차, 전자 등과 같은 기술집약적 산업으로 바뀜에 따라 무역인력보다는 기술인력이 대우를 받는 세상으로 변해버렸고 금융산업이 발달하고 첨단산업과 신개념의 서비스산업이 속속 등장함에 따라 무역에 대한 관심은 점점 사라져가고 있다.

무역업이 직장을 떠나 독립하려는 젊은이들의 창업희망 일순위로 꼽히던 것도 어느새 옛날 일이 되었고, 이제는 IT산업을 위시한 각종 첨단산업과 관련된 창업에 관심이 집중되거나 재테크 바람과 맞물려 증권이나 부동산 쪽에 관심을 돌리는 경우도 많아졌다. 우리나라의 경제상황으로 볼 때 IT산업을 위시한 첨단산업에 대한 관심은 적극적으로 장려할 만한 것이지만 주식이나 부동산 등과 같은 재테크에 대한 지나친 관심이 무역업에 대한 창업 열기를 식혀버리는 것은 안타까운 일이 아닐 수 없다.

나의 친구 중에 한때 무역으로 적지않은 돈을 번 후 여가시간을 이용해서 주식투자에 나섰다가 이제는 아예 무역업을 그만두고 주식투자에만 전념하고 있는 친구가 있다. 나는 그 친구에게 주식에 투자하는 것도 간접적으로나마 국가산업발전에 기여하는 것으로 재테크의 한 수단으로 활용하는 것은 나쁠 것 없지만 무역 일을 팽개치면서까지 빠져드는 것은 바람직하지 않다는 의견을 여러 차례 피력한 바 있다.

하지만 그 때마다 그 친구는 주식투자나 무역이나 똑같이 돈 벌려고 하는 것인데 남에게 피해 안 끼치고 주식투자로 돈을 버는 것이 무엇이 나쁘냐는 식의 주장만 되풀이하였다. 거기에 덧붙여 무역을 하려면 국내외 거래처들과 골치 아픈 협상을 거쳐야 하고 일이 꼬여서 스트레스를 받는 일도 많은데 주식투자는 남들과 부딪칠 일도 없고 다툴 일도 없으니 똑같은 돈을 번다면 무역보다는 주식투자로 돈을 버는 것이 낫지 않느냐는 주장을 펼치기도 했다.

친구의 생각이 틀렸다고 할 수는 없지만 중요한 것을 간과하고 있다는 생각을 지울 수가 없었다. 즉 무역을 하다보면 사람들과 부딪치고 일이 꼬여서 스트레스를 받을 수도 있지만 그러한 어려움을 극복하고 일을 성사시켰을 때 기쁨은 배가되는 것이다. 어차피 인간이란 사회적인 동물이라고 하였는데 다른 사람들과의 관계를 단절하고 혼자서 주식투자에만 매달리는 것보다는 다소 힘들더라도 다른 사람들과 함께 먹고 살아갈 수 있는 무역에 관심을 기울여볼 만한 가치가 있는 것이다. 온종일 컴퓨터 앞에 매달려서 주식시세표에서 눈을 떼지 못하는 것보다는 넓은 세상을 돌아다니며 비즈니스를 펼칠 수 있는 무역이야말로 젊은이로서 한 번 도전해볼 만한 일이 아닐까?

우리나라 경제에서 무역이 차지하는 비중은 앞으로도 변함없이 확고하게 자리를 잡고 있을 것이고 우리나라가 보다 잘 살기 위해서는 다른 나라와의 치열한 무역전쟁에서 살아남아야 한다. 그러기 위해서 다시 한 번 무역에 대한 뜨거운 애정과 관심을 기울일 때다.

Part 2
무역에의 입문

왜 무역을 어려워하는가

무역이란 무엇인가

무역이란 간단히 말해서 서로 다른 나라에 사는 사람끼리 물건을 사고파는 것이다. 무역이 성립되기 위해서는 그 대상이 되는 물건과 물건을 사고파는 사람이 있어야 한다. 물건을 파는 사람을 수출자라고 하고 살 사람을 수입자라고 하며, 그 대상이 되는 물건은 수출자의 입장에서는 수출품이라고 하고 수입자의 입장에서는 수입품이라고 부른다.

무역을 통해서 물건을 사고팔기 위해서는 수출자와 수입자의 이해가 맞아떨어져야 한다. 즉 수입자의 입장에서 보면 국내에서 구할 수 없는 물건이거나 구할 수 있더라도 수출자가 제시하는 물건의 품질이나 가격이 국산품보다 경쟁력이 있을 때 수입에 나서게 되고, 수출자의 입장에서 보면 국내시장에서 팔 때보다 결제조건이 낫거나 대량 주문을 받을 수 있다는 등의 장점이 있어야만 비로소 수출에 나서게 된다. 국내에서 물건을 사고팔 때보다 나은 점이 없다면 굳이 외국과 거래를 할 필요가 없기 때문이다.

무역은 서로 다른 나라 사람끼리 물건을 사고파는 것이기 때문에 이에 상응하는 절차에 따라서 거래가 이루어진다. 결국 무역이란 서로 다른 나라에 있는 사람끼리 자기 나라에서 구할 수 없는 물건이거나 품질이나 가격 면에서 비교우위에 있는 물건을 일정한 절차에 의해서 사고파는 것이라고 정의할 수 있다.

국내거래와 무역거래는 무엇이 다른가

무역거래는 물건이 국경을 넘어서 이동한다는 것을 제외하고는 국내거래와 특별히 다를 것이 없다. 굳이 국내거래와의 차이점을 든다면 서로 다른 나라에 사는 사람들끼리 거래를 해야 하므로 일부 국가를 제외하고는 남의 나라 언어를 사용해야 한다는 것과 국내거래와는 약간 다른 용어를 사용한다는 점, 또한 물건이 다른 나라로 넘어갈 때 일정한 운송 및 통관절차를 거쳐야 한다는 것을 들 수 있다.

우선 서로 다른 나라 사람들끼리 무역거래를 하기 위해서는 언어를 통일시켜야 하는데 대부분의 거래는 영어로 이루어지기 때문에 크게 문제될 것이 없다. 무역거래에 사용되는 용어도 그다지 복잡할 것이 없으므로 기본적인 용어를 익혀두고 특수한 상황에 사용되는 용어는 그런 상황에 처했을 때 따로 확인해도 늦지 않는다.

　서로 다른 국가로 물건이 이동하는 데 따른 운송 및 통관절차는 포워더(forwarder)와 관세사가 업무를 대행해주므로 세세한 사항을 알려고 애쓸 필요 없이 기본적인 용어 몇 마디만 익혀두어도 업무를 처리하는 데 큰 지장이 없다. 한 마디로 무역거래와 국내거래와의 다른 점은 조금만 노력하면 얼마든지 극복해 나갈 수가 있다.

왜 무역을 어려워하는가

　이렇게 국내거래와 크게 다를 바 없는데도 불구하고 직접 무역업무에 참여하는 일부 사람들을 제외하고는 그저 막연히 무역하면 상당히 복잡하고 어려운 것으로 치부하고 아예 무역에 대해서 알려고 하지 않거나 남의 일이거니 하고 넘어가는 경우가 많다.

　하지만 어떤 일이든 직접 해보기 전에는 상당히 어렵고 복잡할 것 같지만 막상 해보면 별것 아니듯이 무역의 경우에도 실제로 해보면 예상외로 간단하고 별로 어려울 것이 없다는 것을 깨닫게 된다. 우리가 운전을 배우기 전에는 운전하는 사람들을 보면 대단한 기술을 가진 것처럼 보이다가도 막상 자신이 운전을 배워서 차를 몰아보면 이렇게 별 것 아닌 것을 왜 그렇게 어렵게 생각했던가 하고 되돌아보게 되는 것처럼 무역업무도 실제로 해보면 정말로 별 것 아니구나 하는 것을 절감하게 된다.

　무역을 어렵게 생각하는 주된 이유는 실제로 무역업무를 처리하는 데 몰라도 되는 무역이론이나 지엽적인 용어에 집착하기 때문이다. 서점에 가서 무역실무 책들을 뒤적거리다보면 끝도 없이 나열되어 있는 수많은 무역용어들에 질려버리는 경우가 많다. 특히 무역의 초보자들로서는 그 많은 무역용어들을 익혀야 된다는 것이 상당히 부담스러울 수밖에 없다.

하지만 실제로 무역업무를 해보면 무역실무 책에 소개된 수많은 무역용어 중에 극히 일부분만 알고 있어도 업무를 처리하는 데 큰 문제가 되지 않는다는 것을 깨닫게 된다. 나도 대학교에서 부전공으로 무역을 이수하면서 무역실무를 배웠지만 나중에 무역일선에서 뛰면서 학교에서 배웠던 무역용어 중에 실제로 업무에서 마주친 것보다는 단 한 번도 마주칠 기회가 없던 것들이 훨씬 더 많았다. 그렇다고 나의 무역경력이 미천하거나 어느 한 부분에 치우쳐 있지도 않았다.

첫 직장인 율산실업에서 수출업무를 담당하면서 일반적인 수출업무는 물론이고 종합상사로서 하청업체 관리 및 본사와 지사간의 D/A거래를 포함한 다양한 형태의 거래를 경험하였으며 1987년에 유선무역을 설립하여 오늘에 이르기까지 전 세계 각국의 거래처들과 직접 수출입거래를 하거나 에이전트 업무를 수행하면서 거의 모든 유형의 무역거래를 직접 혹은 간접으로 경험하였다. 나의 경력을 이렇게 소상하게 밝히는 이유는 그런 다양한 경험에도 불구하고 아직도 무역실무 책에 소개된 무역용어 중에 단 한 번도 접해보지 않은 용어들이 허다하다는 것을 강조하기 위함이다.

그렇다고 기존에 나와 있는 무역실무 책의 내용이 잘못되었다거나 쓸데없는 내용을 담고 있다는 뜻은 결코 아니다. 단지 대부분의 무역실무 책들이 실제로 무역업무에 임하는 실무자들을 대상으로 삼기보다는 무역을 공부하는 학생들을 대상으로 대학교수들에 의해서 씌어졌기 때문에 실무를 처리하는 데 굳이 몰라도 되는 부분까지 망라되어 있어서 괜히 무역업무가 어렵거나 복잡하다는 인상을 줄 필요가 있다는 것이다.

예를 들어 무역실무 책의 상당 부분을 차지하고 있는 운송, 보험, 통관 등의 업무는 무역거래에 있어 상당히 중요한 부분이지만, 운송업무는 포워더, 보험업무는 보험회사, 통관업무는 관세사에게 일임하면 되기 때문에 아주 기본적인 용어 몇 마디만 알아도 업무를 처리하는 데 아무런 문제가 없다. 이것은 마치 우리가 자동차보험을 들 때 보험약관의 세세한 내용이나 거기에 쓰인 용어들을 몰라도 보험을 들고 사고처리를 하는 데 아무런 문제가 없는 것과 같은 이치다. 우리가 시험을 치기 위해서 무역실무를 공부하는 것이 아닌 한 실무에 거의 사용할 가능성이 없는 용어까지 이해하느라 애쓸 필요가 없는 것이다.

또 무역실무 책에서 중요한 부분을 차지하고 있는 거래조건이나 결제방식과 관련된 용어들 중에도 실제로 무역거래를 할 때 거의 사용되지 않는 것들이 많이 포함되어 있으므로 일일이 다 기억하려고 애쓰지 말고 일단 자주 쓰이는 용어들만 머릿속에 정리해 놓고 업무를 처리하는 과정에서 모르는 용어가 나오면 그때마다 해당 용어를 확인해나가는 습관을 들이는 것이 바람직하다. 이것은 우리가 영어책을 읽기 전에 책에 나오는 모든 단어를 익힌 다음에 책읽기에 들어가는 것이 아니라 책을 읽어나가면서 모르는 단어가 나오면 그때그때 사전을 찾아서 뜻을 확인해가면서 읽게 되는 것과 마찬가지다.

이밖에도 무역거래에 적용되는 각종 절차와 규정은 지속적으로 개정되기 마련이므로 지엽적인 규정이나 절차에 매달리기보다는 대략적인 개요만 파악해 놓은 후에 업무가 진행되는 시점에 적용되는 규정이나 절차를 확인하는 것이 바람직하다.

컴퓨터와 자동차운전과 무역

무역에 입문함에 있어 처음부터 무역실무 책에 나오는 모든 용어와 내용을 숙지할 필요가 없다는 것을 좀 더 확실하게 이해하기 위해서 컴퓨터와 자동차운전을 무역과 비교해서 생각해 보자.

우선 컴퓨터의 수많은 기능 중에 실제로 활용하는 것은 사용목적에 따라 극히 일부분에 지나지 않는다는 사실에 주목할 필요가 있다. 예를 들어 워드프로그램만 사용하는 사람에게 디자인관련 프로그램은 무용지물이듯이 무역에 있어서도 수출만 할 사람이 수입업무와 관련된 사항까지 파악할 필요도 없고 신용장에 의한 거래만 할 사람이 다른 복잡한 결제조건을 미리 공부할 필요가 없는 것이다. 물론 무역을 하다보면 처음에 수출만 하다가도 수입을 겸하게 될 수도 있고 신용장거래만 하다가도 다른 결제방식을 사용해야 할 경우가 생기기도 하겠지만 그럴 때마다 새로운 분야의 지식을 쌓으면 되는 것이다.

우리가 컴퓨터의 모든 기능을 배운 다음에 컴퓨터를 사용해야 한다면 컴퓨터를 사용할 엄두를 내기가 힘든 것과 마찬가지로 무역의 전반적인 사항을 숙지한 다음에 무역업무에 임해야 한다면 무역에 발을 디디기가 그만큼 힘들어질 수밖에 없다.

또한 자동차운전을 처음 시작할 때 자동차의 구조나 모든 부품의 이름과 용도에 대해서 확실한 지식을 갖춘 상태에서 운전을 시작하는 것이 아니라는 점도 새겨둘 필요가 있다. 물론 자동차의 구조나 부품에 대해서 확실한 지식을 쌓은 후에 자동차 운전을 시작하는 것이 무지한 상태에서 시작하는 것보다 여러모로 나을 수는 있겠지만 대부분의 운전자들은 자동차의 구조나 부품에 대해서 특별한 지식이 없이도 큰 탈 없이 운전을 할 수 있다. 뿐만 아니라 교통법규도 모든 내용을 완전하게 숙지하고 운전을 시작하는 것이 아니고 자신에게 해당되는 기본적인 법규 몇 가지만 알고 운전을 시작하는 경우가 대부분이다.

이와 같이 무역거래를 함에 있어서도 컴퓨터나 자동차를 다룰 때와 마찬가지로 모든 것을 완벽하게 숙지한 다음에 시작하는 것보다는 일단 기본적인 용어나 절차를 익히고 업무에 입문한 후에 상황에 따라 필요한 지식을 보충해나가는 것이 바람직하다.

경우에 따라서는 무역업무를 처리하는 것이 컴퓨터를 사용하거나 자동차를 운전하는 것보다 훨씬 더 쉬울 수가 있다. 컴퓨터나 자동차를 다루려면 최소한의 지식은 있어야 하고 남이 대신해서 해줄 수가 없지만 무역거래는 정 본인이 직접 처리하기가 힘들다면 대행업체에 맡기면 되기 때문이다.

조금만 배우면 스스로 무역을 할 수 있다

무역의 '무' 자도 몰라도 무역을 할 수 있다

위에서 실제로 무역업무에 필요한 용어나 절차는 그리 복잡하지도 않으며 일단 기본적인 용어만 알아도 시작하는 데 별 문제가 없다고 강조하였지만 그나마 기본적인 용어조차도 모르는 사람들에게는 아직도 무역이란 남의 얘기가 아닐 수 없다. 그런 사람들을 위해서 그야말로 무역의 '무' 자도 몰라도 무역을 할 수 있는 방법을 소개해 본다.

이것은 무슨 말장난을 늘어놓고자 하는 의도가 아니라 무역이 얼마만큼 쉬운 것인가를 초보자에게 인식시키고자 하는 노력의 일환이다. 아직도 무역은 어렵고 복잡한 절차를 거쳐야 한다는 선입견을 갖고 있는 사람은 지금 당장 야후(www.yahoo.com)와 같은 해외 유명 포털사이트에 접속해서 쇼핑 부분에 들어가거나 아마존(www.amazon.com)과 같은 인터넷쇼핑업체의 사이트에 들어가서 아무 물건이나 주문해보기 바란다. 주문방법은 국내에서 운영하는 쇼핑사이트와 별로 다를 것이 없다. 원하는 물건을 골라서 쇼핑카트에 담아서 체크아웃하고 쇼핑한 내역을 확인한 후에 신용카드정보와 배달주소를 입력하면 만사 OK다. 자신이 직접 외국에 주문한 물건을 자기 집 안방이나 사무실에서 받아볼 수 있는 편리함을 맛볼 수 있을 것이다.

서로 다른 나라에 사는 사람들끼리 물건을 사고파는 것이 무역의 정의라면 위에 언급한 대로 인터넷을 통해서 외국에 있는 인터넷쇼핑업체로부터 물건을 사는 것도 틀림없이 무역의 범주에 들어간다고 할 수 있다. 무역의 '무' 자도 몰라도 무역을 할 수 있다는 것이 결코 허언(虛言)이 아닌 것이다.

마음만 먹으면 누구나 무역을 할 수 있다

이렇듯 무역에 대해서 아무것도 모르는 상태에서도 외국으로부터 직접 물건을 사는 것이 가능하지만 이것은 어디까지나 개인적인 쇼핑에 불과하지 본격적인 회사 대 회사의 거래가 아니므로 진정한 의미의 무역거래라고 보기에는 미흡하며 회사 차원의 무역거래를 하려면 아무래도 무역 전반에 대해서 상당한 지식이 필요하지 않느냐는 지적이 있을 수 있다.

하지만 비록 회사 차원의 본격적인 무역일지라도 무역에 대한 깊은 지식이나 경험이 없이도 훌륭하게 잘 할 수 있는 방법이 있다. 그것은 모든 무역업무를 대행해주는 무역대행업체의 서비스를 이용하는 것이다. 인터넷 검색엔진의 검색창에 '무역대행' 혹은 '수출입대행'이라는 단어를 입력하면 수많은 무역대행업체들의 웹사이트를 검색할 수 있다. 그들 대행업체 중에는 단순히 무역서류만을 작성해주는 서류대행업체로부터 운송, 통관, 보험업무까지 총괄해서 대행해주는 소위 종합대행업체까지 다양한 부류의 업체들이 있다.

그들에게 외국업체와의 수출입계약 내용만 통보해주면 무역의 전 과정에 필요한 업무를 대행해준다. 심지어는 취급하고자 하는 아이템만 지정해주면 해당아이템의 국내외 거래처를 개발하는 일에서부터 오더를 수주하고 수출입을 진행하는 전 과정을 대행해주는 토털서비스 개념의 계약을 체결할 수도 있다. 그야말로 적정한 대행수수료만 지급하면 무역에 대해서 아무것도 몰라도 얼마든지 회사 차원의 본격적인 무역이 가능하다. 돈만 있으면 못할 것이 없다는 자본주의의 속설이 무역에서도 적용되는 것이다.

독자들의 이해를 돕기 위해서 인터넷에서 '무역대행'이라는 검색어를 사용해 찾아낸 어느 무역대행업체가 자신의 웹사이트에 소개한 서비스내역을 인용해 보기로 한다.

■ 수출 및 수입시 필요한 모든 서류작성 대행

■ 수출입 통관대행

■ 국내외 운송업무(해상, 항공, 내륙) 대행

- ■ 수출입 상품 보험(적하보험)서비스

- ■ 대금회수(네고) 및 대금지급(신용장개설 및 전신환 송금)업무 대행

- ■ 사후관리 서비스

- ■ 해외시장업무 대행 서비스

- ■ 국가별 시장조사

- ■ 바이어 및 셀러(해외제조공장 및 무역회사) 리스트 제공

- ■ 무역컨설팅

- ■ 수출입관련 업무 상담

- ■ 특수무역 대행

  - 삼각무역

  - 위탁가공무역

  - 수탁가공무역

  - 중계무역

  - 그 외 기타 특수무역

- ■ 통역 · 번역 서비스

- ■ 기타 대행

- ■ 민원서류 및 기타 서류작성 대행 서비스

물론 상기한 바와 같이 광범위한 서비스를 이용하려면 이에 상응하는 수수료를 지급해야 하고 상호간의 신뢰에 입각한 사업상의 기밀유지 약속 등이 따라야 하겠지만 어쨌든 무역에 대한 특별한 지식이 없어도 얼마든지 본격적인 무역을 할 수 있다는 것은 틀림없는 사실이다.

이밖에도 한국무역협회, 대한무역진흥공사 등과 같은 무역관련기관에서 제공하는 각종 무역지원서비스를 활용하면 해외시장개척에서 무역서류 작성에 이르기까지 다양한 도움을 받을 수 있다.

조금만 배우면 스스로 무역을 할 수 있다

앞에서 살펴 본 바와 같이 무역대행업체나 무역관련기관의 힘을 빌려서 본격적인 무역거래를 할 수도 있지만 아무래도 본인 스스로 무역거래를 처리하는 것만큼 효율적이지는 못하다. 그럼에도 불구하고 남의 힘을 빌려서 무역거래를 할 수 있는 방법을 소개한 것은 무역에 대한 지식이 없는 사람은 외국과의 거래를 할 수 없다는 선입견을 없애기 위함이었다.

이제부터 본격적으로 스스로 무역을 할 수 있는 방법을 생각해보기로 하자. 일단 무역에 대한 두려움을 없애기 위해서 무역의 전 과정이 어떻게 이루어지는지부터 살펴볼 필요가 있다. 우선 무역은 물건을 파는 사람과 사는 사람의 시각에 따라 서로 반대방향으로 업무가 진행된다는 것을 유념해둘 필요가 있다. 즉 동일한 거래를 놓고 보더라도 물건을 파는 사람의 입장에서 보면 수출이 되고 그 물건을 사는 사람의 입장에서 보면 수입이 되는 것이다. 일반적인 무역의 과정을 수출자와 수입자의 시각에서 정리해보면 다음과 같다.

수출자의 입장에서 본 무역의 과정

제1단계 수출할 물건의 결정

제2단계 해외수입자의 개발

제3단계 해외수입자와의 상담 및 계약

제4단계 수출물건의 인도

수입자의 입장에서 본 무역의 과정

제1단계 수입할 물건의 결정

제2단계 해외수출자의 개발

제3단계 해외수출자와의 상담 및 계약

제4단계 수입물건의 인수

위에서 언급한 4가지 단계 중 1단계와 2단계는 동시에 이루어지거나 순서가 바뀔 수도 있다. 즉 자신이 직접 특정물품을 생산하거나 특정품목의 수입판매에 관심이 있는 경우에는 당연히 위에 언급한 단계대로 업무가 진행되지만 특정한 아이템과의 연고없이 시작하는 경우에 아이템을 정해놓고 해외거래처를 개발하기가 힘들다면 일단 아이템과 상관없이 해외거래처를 잡은 후에 해당업체에서 취급하는 아이템을 수출 또는 수입할 수도 있다. 따라서 1단계와 2단계는 한데 합쳐서 수출 또는 수입할 물건의 결정과 해외거래처의 개발하는 단계로 보아도 무방하다.

이상에서 살펴본 무역의 단계별 과정을 자세히 살펴보면 운송, 보험,

통관 등과 같은 중요한 업무가 하나도 포함되지 않았다는 것을 발견할 수 있다. 이것이 내가 이 책을 쓰게 된 가장 큰 동기 중 하나이다. 내가 대학에서 무역실무를 배울 때도 가장 어려웠던 부분 중 하나가 운송, 통관, 보험과 관련된 부분이었고 이와 관련된 용어와 절차 등을 익히는 데 많은 시간을 허비해야 했다. 하지만 실제로 무역업무를 해보니 이와 관련된 업무는 관련업체에서 다 알아서 처리해주기 때문에 세세한 내용을 몰라도 업무를 처리하는데 아무런 지장이 없음을 깨닫게 되었다.

우선 운송은 흔히 포워더(forwarder)라고 부르는 복합운송주선업자가 일괄해서 업무를 처리해준다. 수출의 경우 상업송장(invoice)과 포장명세서(packing list)를 보내주고 출고지와 출고날짜를 통보해주면 포워더가 출고지에서 물건을 픽업해서 트럭 혹은 컨테이너에 싣고 항구 또는 공항까지 운송해서 선박이나 항공기에 선적하는 전 과정을 알아서 다 처리해 준다. 통관업무는 관세사가 대행해주며, 포워더와 관세사가 제휴하여 운송 및 통관업무를 일괄해서 처리해주기도 한다.

보험과 관련한 제반업무도 보험회사에서 알아서 챙겨주므로 보험에 관련된 용어나 조건 등을 일일이 공부하느라고 애쓸 필요 없이 보험회사에서 요구하는 서류(신용장이나 invoice 사본)만 제출하면 된다.

개중에는 운송, 통관 및 보험업무에 대해서 충분한 지식이 없이 모든 업무를 관련업체에 위임하면 바가지를 쓰거나 일이 잘못 처리되어도 알지 못하는 등의 문제가 생길 수 있다는 우려를 하는 사람들이 있다. 하지만 포워더와 관세사, 보험회사의 경우 고객을 확보하기 위한 경쟁이 치열하기 때문에 고의로 고객에게 손해를 끼칠 일을 하는 경우는 거의 없으며 정 안심이 되지 않는다면 두세 곳으로부터 복수로 견적을 받아서 서비스 내용과 가격 등을 비교해 본 후 그 중 한 곳을 선택하면 된다.

이상에서 설명하였듯이 운송, 보험, 통관 부분에 대해서는 세세한 내용을 알 필요가 없으므로 결국 수출 또는 수입할 물건과 해외거래처를 개발해서 상담과 계약하는 것만 무리 없이 처리할 수 있다면 누구나 직접 수출 또는 수입을 할 수 있다는 결론에 도달한다.

이 부분에 대한 자세한 설명은 다음 장에 하기로 한다. 단 다음 장에 나올 무역용어와 절차에 대한 설명 중에는 나의 전작(前作)《오퍼상이나 해볼까?》에서 다뤘던 내용과 중복되는 부분이 있음을 밝혀둔다.

Part 3
단계별 무역업무

⬊ 제1단계 : 아이템 결정

아이템 결정의 여러 조건

무역거래를 하려면 우선 그 대상이 되는 아이템이 정해져야 한다. 아이템을 결정하는 것은 수출자와 수입자의 입장에 따라 달라질 수 있다. 수출자의 입장에서 자체적으로 생산하는 물건이 있을 경우에는 당연히 그 물건이 무역의 대상이 되겠지만 자체적으로 생산하는 물건이 없이 남의 공장에서 생산되는 물건을 수출할 경우에는 공장의 생산능력, 품질, 가격경쟁력, 해외시장 개척 가능성 등을 면밀히 검토하여 수출 아이템을 결정하여야 한다.

수입자의 입장에서 아이템을 결정하는 데는 보다 세심한 검토가 필요하다. 물건의 품질이나 가격경쟁력은 물론 해당 물건의 국내판매 가능성 및 판매방식 등에 대한 구체적인 검토를 거친 후에 수입할 아이템을 결정하여야 하기 때문이다.

수출 혹은 수입할 아이템을 먼저 결정하는 것이 어렵다면 아이템에 구애받지 않고 우리나라와 거래를 하고 싶어하는 해외업체를 접촉해서 그들이 수입 혹은 수출하고자 하는 아이템에 대한 정보를 검토해서 자신이 취급할 아이템을 정할 수도 있다.

무역거래의 대상이 될 아이템에 대한 최종적인 결정을 내리기에 앞서 해당 아이템이 무역거래에 적합한 것인지를 확인해 볼 필요가 있다. 무역거래란 서로 다른 나라끼리의 거래이므로 먼 거리를 이동하는 것을 피할 수 없기 때문에 아무리 물건의 품질이나 가격이 좋다고 하더라도 가격에 비해서 무게나 부피가 지나치게 많이 나갈 경우에는 운송료부담 때문에 가격경쟁력이 떨어질 수가 있다. 또한 운송 중 파손위험이 큰 물건인 경우에는 포장비의 추가부담을 감안해서 수출입 가능성을 따져보아야 한다.

우리나라와 상대방 국가의 수출입 규정상 무역거래가 금지되거나 제한되는 아이템인지 여부도 확인해야 하며 수입일 경우 수입관세율도 미리 확인해서 수입원가 계산에 착오가 없도록 해야 한다. 우리나라의 수출입관련 규정이나 수입관세율 등을 확인하려면 무역관련기관 자료실에 비치되어 있는 수출입총람이나 무역협회 웹사이트를 통해서 품목별 수출입요령을 확인하면 된다.

제2단계 : 해외거래처 개발

무역거래가 이루어지려면 일단 수출자와 수입자가 만나야 한다. 여기서 만난다고 하는 것은 꼭 동일한 시간과 공간에서의 만남을 뜻하는 것이 아니다. 어떤 경로를 거치든 물건을 팔 사람과 물건을 살 사람이 서로 알게 되어야만 거래가 시작될 수 있기 때문에 비록 서면상이라도 서로의 존재를 확인하고 물건을 사고팔 의사를 확인하여야만 상담이 시작될 수 있는 것이다. 서로 다른 나라의 무역파트너는 다음과 같은 방법으로 만날 수 있다.

인터넷을 통해서 무역파트너를 찾는 방법

가장 손쉽게 해외거래처를 개발할 수 있는 공간이 인터넷이다. 특정

품목을 취급하는 업체는 해외 포털사이트 검색창에 해당 품명을 입력해서 찾아낼 수도 있으나, 검색결과물이 광범위해서 자신이 원하는 업체를 효과적으로 찾을 수 없다는 문제가 있다. 좀 더 효율적으로 해외거래처를 개발하기 위해서는 인터넷상에서 수출입업체를 연결해 주는 인터넷무역 거래알선 사이트를 활용할 필요가 있다. 인터넷상에는 수많은 무역거래알선 사이트가 있지만 그 중 추천할만한 사이트는 다음과 같다.

⌂ Alibaba(www.alibaba.com)

세계 최대규모의 거래알선 사이트로서 특히 중국시장에 강한 면모를 보여준다. 아이템별, 게시기간별, 게시자 유형별(바이어, 셀러, 에이전트 등), 국가별 검색이 가능하다. 통상적인 게시판 외에 제품을 직접 보여주는 Product Catalog 코너가 있어서 상품을 직접 보고 상담을 할 수 있어 편리하다. 인터넷 거래알선 게시판에 올린 자료에 대한 신뢰성이 떨어지는 단점을 보완하기 위해서 공인된 기관에서 게시자의 신원을 확인해주고 실제 거래한 업체가 Comment를 남기게 하는 TrustPass제를 운영하고 있다.

⌂ EC21(www.ec21.com)

한국무역협회에서 분사한 사이트로 디자인, 업데이트를 포함한 사이트 운영이 깔끔하다. 아이템별, 거래유형별(Buy, Sell, Biz), 국가별 검색이 가능하다. 일반게시판 외에 Product Catalog와 Company Directory 등의 코너를 운영하고 있으며, 국내 이용자를 위해 운영하는 한국어사이트에서는 거래알선 게시판 외에도 다양한 무역관련 정보를 제공하고 있다.

🏠 ECplaza(www.ecplaza.net)

영어, 한국어, 일어, 중국어 등으로 서비스되며 거래알선 자료와 함께 미국 투자정보, 중국 최신정보 및 무역서식까지 제공하는 무역관련 종합포털사이트로서의 기능을 다하고 있다. 아이템별, 거래유형별로 검색이 가능하고 카탈로그를 통한 검색기능도 있다. 한국무역정보통신(KTNET)에서 분사한 이씨플라자(주)에서 운영하고 있으며 정보의 업데이트도 잘되는 편이고 사이트 운영도 효율적으로 이루어지고 있다.

🏠 Tpage(www.tpage.com)

한국어, 영어, 일어, 중국어, 스페인어, 포루투갈어, 프랑스어 등의 다양한 언어로 서비스되어 전 세계적인 네트워크를 이루고 있다. 아이템별, 업체별, 거래유형별로 검색이 가능하고 전 세계 주요 무역사이트 게시판에 동시에 오퍼를 발송할 수 있는 Auto Multi Posting System과 동시 다중검색 시스템인 Offer Meta Search기도 갖추고 있다. 한국어 페이지에 들어가면 국내업체의 거래희망 게시물과 함께 다양한 무역정보를 얻을 수 있다.

🏠 BuyKorea(www.buykorea.org)

KOTRA에서 운영하는 사이트로 전 세계에 진출해 있는 무역관을 통해서 입수한 각종 오퍼정보와 함께 다양한 해외시장정보와 기업정보 등을 제공한다. EC21, ECplaza, Tpage 등과 연계시켜 놓아서 이들 사이트에 게시된 오퍼정보를 동시에 검색해볼 수 있으며 KOTRA의 다양한 지원

서비스에 대한 정보와 수출입절차, 무역서식을 포함한 다양한 무역관련 정보를 제공한다.

인터넷 거래알선 게시판을 이용하는 업체 중에는 신설업체거나 경쟁력이 떨어지는 업체들이 다수 포함되어 있으며, 심지어는 사기를 목적으로 접근하는 경우도 많으므로 조심스럽게 거래관계를 수립할 필요가 있다. 가급적 사업초기에는 선진국 업체 위주로 거래처를 개발하는 것이 거래의 위험을 줄일 수 있다.

무역디렉토리를 통해서 무역파트너를 찾는 방법

무역디렉토리란 세계 각국의 제조업체 및 수출입업체들의 주소와 연락처를 정리해 놓은 책자로서 국가별, 아이템별, 거래유형별(수출, 수입 등)로 다양한 디렉토리가 있으며 당사자가 임의로 글을 올리는 인터넷 거래알선 사이트의 게시판보다는 상대적으로 정보의 신뢰성이 높다고 볼 수 있다.

디렉토리에 소개된 업체들 중에는 이미 국내에 진출해 있거나 다른 국내업체와 관계를 맺고 있는 경우가 많으므로 가급적 다수의 업체리스트를 확보하여 접촉하는 것이 바람직하다. 한국무역협회, KOTRA, 한국수입업협회 등과 같은 무역관련기관의 자료실에서 다양한 무역디렉토리를 열람할 수 있으며, 일부 디렉토리는 인터넷을 통해서도 자료를 입수할 수 있다.

디렉토리 중에는 내용도 부실하고 오래된 정보를 수록해 놓은 것도 많으므로 가급적 잘 알려지고 발행일이 너무 오래되지 않은 것을 이용하는 것이 좋다. 추천할만한 디렉토리는 다음과 같다.

🏠 KOMPASS(www.kompass.com)

전 세계 제조업체 및 수출입업체를 망라해서 수록하고 있으며 각 나라별로 Products and Services와 Company Information을 제공한다. 주소, 전화번호. 팩스번호, 이메일주소, 웹사이트주소, 설립일, 종업원수, 매출액, 취급품목 등의 자료를 수록하고 있으며 인터넷을 통해서도 검색할 수 있다.

🏠 Thomas Register(www.thomasregister.com)

미국 업체들을 망라해서 Product & Services, Company Profile, Catalogue File 등으로 나누어서 수록하고 있으며 미국 업체에 관한 한 가장 방대한 양의 자료를 수록하고 있다. 주소, 전화번호, 팩스번호, 설립일, 종업원수, 이메일주소, 웹사이트주소, 취급품목 등의 자료를 수록하고 있다.

🏠 American Export Register(www.aernet.com)

미국 업체들을 Products and Services와 Company Profiles로 나누어 수록하고 있어 손쉽게 원하는 업체를 찾아볼 수 있다. 주소, 전화번호, 팩스번호, 취급품목과 함께 진출지역(areas served) 등에 관한 자료를 수록하고 있다.

🏠 Ward's Business Directory of U.S. Private and Public Companies(www.galegroup.com)

미국 업체들을 알파벳순, 지역별, 전국 매출액순위별, 주(州)단위 매출액순위별로 세분하여 수록하고 있어 사용목적에 따라서 효율적인 이용이 가능하다. 주소, 전화번호, 팩스번호, 이메일주소, 웹사이트주소, 취급품목 등을 수록하고 있다.

🏠 ABC Europ Production(www.abc-europex.de)

유럽 각국의 업체들을 Item별로 구분해서 두 권에 나누어 수록하고 있다. 주소, 전화번호, 팩스번호 등의 정보를 수록하고 있으며 유럽지역의 거래업체를 찾는 데 편리하다.

🏠 Kelly's Industrial Directory(www.kellysearch.com)

영국 업체들을 Product & Services와 Company Information 두 권으로 나누어 주소, 전화번호, 팩스번호, 이메일주소, 취급품목 등을 수록하고 있다.

이밖에도 다음과 같이 아이템별로 편집된 전문디렉토리도 있다.

• International Pulp & Paper Directory

• The Directory of International Chemical Supplies

• Metal Traders of the World

• World Food Industry Sourcebook

• Major Telecommunications Companies of the World

• Major Information Technology Companies of the World

무역관련기관을 통해서 무역파트너를 찾는 방법

우선 우리나라의 무역관련기관으로는 한국무역협회, KOTRA, 대한 상공회의소, 한국수입업협회 등이 있다. 이들 기관들은 해외 각국의 수출입 업체들로부터 우리나라의 무역업체를 소개해달라는 서신을 받게 되므로 그런 자료들을 활용하면 손쉽게 해외거래처를 찾을 수 있다.

또 외국에도 나라마다 다양한 무역관련기관들이 있으므로 각국의 무역관련기관을 접촉해서 해당 국가의 제조업체나 수출입업체를 소개해 달라고 요청하거나 우리나라에 주재하는 각국의 대사관을 통해서도 거래처를 물색할 수 있다.

국내외의 주요 무역관련기관은 다음과 같다.

■ 국내 무역관련기관

• 한국무역협회(www.kita.net)

• KOTRA(www.kotra.or.kr)

• 대한상공회의소(www.korcham.net)

• 한국수입업협회(www.koima.or.kr)

• 한국외국기업협회(www.forca.org)

• 중소기업진흥공단(www.sbc.or.kr)

■ 해외 무역관련기관

• 미국   ITA(International Trade Administration)

             www.ita.doc.gov

• 캐나다   CCC(Canadian Commercial Corporation)

             www.ccc.ca

• 유럽   European Chamber of International Business

             www.ecib.com

• 영국   DTI(Department of Trade of Industry)

             www.dti.gov.uk

• 이탈리아   Italian Institute for Foreign Trade

             www.italtrade.com

• 벨기에   BFTB(Belgium Foreign Trade Board)

             www.obcebdbh.be

• 호주   AUSTRADE(Australia Trade Commission)

             www.austrade.gov.au

• 뉴질랜드   Trade New Zealand

             www.tradenz.govt.nz

• 일본   JETRO(Japan External Trade Organization)

            www.jetro.go.jp

• 중국   CCPIT(China Council for the Promotion of International

            Trade)

            www.ccpit.org

• 홍콩   TDC(Hong Kong Trade Development Council)

            www.tdctrade.com

• 대만   CETRA(China External Trade Development Council)

            www.taiwantrade.com.tw

• 태국   DEP(Department of Export Promotion)

            www.thaitrade.com

• 필리핀   DTI(Department of Trade & Industry)

            www.dti.gov.ph

• 인도네시아   NAFED(National Agency For Export Development)

            www.nafed.go.id

• 말레이시아   MATRADE(Malaysia External Trade Development)

            www.matrade.gov.my

• 싱가포르   International Enterprises Singapore

            www.iesingapore.com

• 인도   Department of Commerce & Industry

            www.nic.in/eximpol

- 중남미　　Latin Trade

　　　　　www.latintrade.com

- 브라질　　BrazilBiz

　　　　　www.brazilbiz.com.br

- 아프리카　MBendi

　　　　　www.mbendi.co.za

- 전체　　　World Trade Centers Association

　　　　　www.wtca.org

전시회를 통해서 무역파트너를 찾는 방법

가장 빠르고 확실하게 해외거래처를 잡을 수 있는 방법은 해외에서 개최되는 각종 전시회에 참가하는 것이다.

아이템에 따라 다르지만 독일을 위시한 유럽 지역의 전문전시회나 날로 규모가 커지는 중국전시회를 겨냥하는 것이 바람직하다. 동남아를 위시한 개발도상국에서 열리는 전시회는 규모도 작을뿐더러 유망업체들이 불참하는 경우가 많고 미국의 경우 자체 국내시장의 규모가 워낙 방대하여 해외거래처보다는 자국 거래처 유치에 치중하는 경우가 많다.

국제적으로 알려진 전문전시회는 다음과 같다.

🏠 하노버 국제정보통신박람회(CeBIT Hannover/World Business Fair)

세계 최대규모의 박람회로 매년 3월중에 개최되며 각종 방송, 통신, 전기, 전자제품이 망라되어 전시됨.

🏠 하노버 박람회(Hannover Messe)

매년 4월중에 개최되는 대규모 산업박람회로서 기계류, 설비산업, 엔지니어링, 자동화기기 등이 전시됨.

🏠 프랑크푸르트 춘계소비재박람회(Ambiente Internationale Frankfurt Messe)

매년 2월중에 개최되며 각종 소비재 전문전시회임.
(www.messefrankfurt.com)

🏠 프랑크푸르트 추계소비재박람회(International Frankfurt Herbstmesse)

매년 8월말에서 9월초에 개최되며 각종 소비재 전문전시회임. (www.messefrankfurt.com)

🏠 프랑크푸르트 문구, 선물용품 박람회(Paperworld – Internationale Frankfurter Messe)

매년 1월말에 개최되는 세계 최대규모의 문구전시회로서 문구 외에도 미술재료, 사무용기기, 선물, 판촉용품이 함께 전시됨. (www.
messefrankfurt.com)

🏠 프랑크푸르트 국제악기박람회(Int'l Trade fair for Musical Instruments)

매년 3월에 개최되며 세계 악기시장을 선도하는 최고의 악기 전문박람회임. (www.messefrankfurt.com)

🏠 프랑크푸르트 모피 및 혁제의류박람회(Fur & Fashion Frankfurt)

세계 최대의 모피 및 혁제의류박람회로서 매년 3월에 개최됨. (www.messefrankfurt.com)

🏠 뮌헨 하계운동용품박람회(Fair for Sports Equipments & Fashion)

매년 7월에 개최되는 세계 최대규모의 운동용품 박람회로서 스포츠, 레저용품, 신발 등이 전시됨. (www.ispo.com)

🏠 뮌헨 동계운동용품박람회(International Trade Fair for Sports Equipments & Fashion)

매년 2월에 개최되는 세계 최대규모의 동계 운동용품 박람회로서 바이어전문 상담 위주로 진행됨. (www.ispo.com)

🏠 밀라노 가구박람회(Salone Internazionale del Mobile, Int'l Expo of Furniture)

매년 4월에 개최되는 세계적인 가구박람회로서 가구디자인 및 패션을 주도함. (www.cosmit.it)

🏠 밀라노 광학박람회(MIDO/Int'l Optics, Optometry & Ophthalmology Exhibition)

세계 최대의 광학박람회로서 매년 5월에 개최됨. (www.mido.it)

🏠 라스베가스 가전박람회(CES)

매년 1월에 라스베가스에서 개최되는 세계 최대의 가전제품전시회로서 세계 유명가전제품의 신제품이 출시됨. (www.cesweb.org)

🏠 광동박람회(Canton Fair)

중국 최대규모의 종합박람회로서 4월과 10월 두 차례에 걸쳐 개최됨. (www.cantonfair.org.cn)

    위에 언급한 주요전시회리스트에서 보듯이 세계적인 전시회는 주로 독일에서 많이 개최된다. 이는 독일이 정책적으로 국제전시회를 국가의 주요사업 중의 하나로 육성한데다 전시회기간 중에 실질적인 상담이 이루어지도록 배려한데 힘입은바 크다. 프랑크푸르트나 하노버 같이 대규모 전시회가 열리는 곳에서는 전시회기간 중에 교통편이나 숙소를 구하기가 힘들므로 미리미리 예약을 해두어야 한다.

에이전트를 통해서 무역파트너를 찾는 방법

소위 오퍼상이나 바잉오피스라고 불리는 외국 업체의 에이전트를 통해서 외국 업체와의 거래관계를 수립할 수 있다. 흔히 에이전트를 통해서 거래를 하면 에이전트에게 돌아가는 수수료만큼 손해를 본다는 생각을 갖기도 하지만 에이전트를 잘만 이용하면 훨씬 더 수월하게 거래파트너를 찾을 수도 있고 무역거래를 하는 동안에도 많은 도움을 받을 수 있다.

우선 국내에 에이전트가 있을 정도라면 해외업체의 신용을 크게 걱정하지 않아도 되고 거래상의 문제가 생겼을 때도 에이전트를 통해서 해결할 수 있을 뿐 아니라 가격네고도 수월하게 할 수 있다는 장점이 있다.

에이전트에게 돌아가는 수수료도 대부분의 서양회사들은 자신들의 마진에서 주는 것을 원칙으로 하기 때문에 에이전트를 제치고 직접 거래를 한다고 해서 반드시 에이전트의 수수료만큼을 깎아주는 것이 아님을 새겨둘 필요가 있다.

국내거래처를 찾는 방법

수입의 경우 국내에 물건을 팔려면 해당 물건의 국내시장 동향을 알아보고 국내판매처를 알아야 한다. 또한 수출의 경우 자기가 직접 생산한 물건을 수출하거나 이미 공장을 확보한 경우가 아니라면 국내의 공장을 수배해야 한다. 이 경우에 자신이 취급할 아이템의 국내거래처를 찾아내기 위해서는 국내 인터넷 검색사이트의 검색창에 해당 아이템명을 입력해서 검색하거나 해당 물품의 관련조합이나 기관을 접촉해서 자료를 구할 수 있다.

또한 경제신문사에서 발간하는 〈회사연감〉이나 〈기업총람〉을 참고하거나 〈전자정보업체총람〉 〈자동제어계측총람〉 〈플라스틱산업총람〉 등과 같은 각 업종별 디렉토리를 통해서도 관련업체의 정보를 구할 수 있다.

가장 좋은 방법 중에 하나는 주변에 있는 친구나 친척들 중에 해당 업계에 관련이 있는 사람들을 찾아서 그들로부터 거래처를 소개받거나 거래처에 대한 정보를 입수하는 것이다. 수출의 경우 새로운 공장을 물색하기 위해서는 각종 매스컴에 소개되는 신제품에 관한 기사를 주의깊게 살펴보는 노력이 필요하다.

일단 아이템과 해외거래처가 정해지면 구체적인 상담을 통해서 물건의 명세, 물건의 양, 물건의 가격, 거래조건, 포장, 선적지, 도착지, 선적기일, 결제방식과 같은 계약조건에 합의해야 한다.

기본적인 계약조건

🏠 물건의 명세(Description)

무역의 대상이 되는 물건의 명칭과 구체적인 규격, 색상, 특성 등을 포함한다. 사후 분쟁을 방지하기 위해서 가급적 상세하게 물건을 기술하고 수출자가 발행한 카탈로그가 있으면 거기에 명시된 아이템번호 등을 인용하는 것이 좋다.

🏠 물건의 양(Quantity)

100 ea, 200 tons, 300 boxes 등과 같이 주문량과 주문단위를 구체적으로 표현한다. 주문량을 결정하기에 앞서 수출자의 포장단위를 확인해서 이에 맞추어야 한다. 예를 들어 박스 한 개에 30개씩 포장되는 물건이라면 30의 배수만큼 주문해야 한다.

🏠 물건의 가격(Price)

물건의 가격을 단가(Unit Price)와 총액(Amount)으로 나누어 표시한다.

🏠 거래조건(Trade Terms)

거래조건이란 물건이 도착지에 도착할 때까지 발생하는 비용과 위험을 어디까지 수출자가 부담하고 어디서부터 수입자가 부담할 것인지를 명확히 함으로써 가격산정의 기준을 삼기 위해서 정하는 조건이다. 실무에서는 국제상업회의소(International Chamber of Commerce)가 제정한 Incoterms에서 규정한 11가지의 정형거래조건이 사용되며 그 주요 내용은 다음과 같다.

11가지 정형거래조건

▶ **EXW(공장인도조건)** Ex Works의 약자로서 매도인의 구내 또는 작업장, 공장, 창고 등과 같은 지정된 장소에서 수출통관을 하지 않은 물

품을 인도하는 조건

▶ **FCA(운송인인도조건)** Free Carrier의 약자로서 매도인의 구내 또는 다른 지정된 장소에서 매수인이 지정하는 운송인에게 수출통관이 완료된 물품을 인도하는 조건

▶ **FAS(선측인도조건)** Free Alongside Ship의 약자로서 지정된 선적항에서 매수인이 지정한 본선의 선측에서 물품을 인도하는 조건

▶ **FOB(본선인도조건)** Free On Board의 약자로서 지정된 선적항에서 매수인이 지정한 본선에 물품을 적재하여 인도하는 조건

▶ **CFR(운임포함인도조건)** Cost and Freight의 약자로서 선적항에서 물품을 적재하여 인도하고 지정된 목적항까지의 운임을 매도인이 부담하는 조건

▶ **CIF(운임보험료포함인도조건)** Cost, Insurance and Freight의 약자로서 선적항에서 물품을 적재하여 인도하고 지정된 목적항까지의 운임과 보험료를 매도인이 부담하는 조건

▶ **CPT(운송비지불인도조건)** Carriage Paid To의 약자로서 매도인이 지정한 운송인에게 물품을 인도하고 지정된 목적지까지의 운송비를 매도인이 부담하는 조건

▶ **CIP(운송비보험료지불인도조건)** Carriage and Insurance Paid to의 약자로서 매도인이 지정한 운송인에게 물품을 인도하고 지정된 목적지까지의 운송비와 보험료를 매도인이 부담하는 조건

▶ **DAT(터미널인도조건)** Delivered At Terminal의 약자로서 지정된 터미널에 도착한 운송수단에서 물품을 내려서 매수인에게 인도하는 조건

▶ **DAP(목적지인도조건)** Delivered At Place의 약자로서 지정된 목적지에 도착한 운송수단에서 물품을 내리지 않은 상태로 매수인에게 인도하는 조건

▶ **DDP(관세지급인도조건)** Delivered Duty Paid의 약자로서 수입통관된 물품을 지정된 목적지에 도착한 운송수단에서 내리지 않은 상태로 매수인에게 인도하는 조건

실제 거래에서 어떤 정형거래조건을 적용할지는 매도인과 매수인의 합의에 따른다. 일반적으로 매도인이 임의의 거래조건을 적용한 가격을 산출해서 매수인에게 제시하면, 매수인이 거래조건을 그대로 두고 가격만 네고하거나, 다른 거래조건으로의 변경을 요청할 수도 있다.

매수인이 거래조건의 변경을 요청할 경우 매도인은 매수인이 원하는 거래조건을 적용한 가격을 새로 산출해서 제시해야 한다. 예를 들어 FOB 조건으로 가격을 제시했는데 CIF 조건으로 바꿔달라고 하면 이미 제시했던 가격에다 목적항까지의 해상운임과 보험료를 더해서 제시하면 된다.

정형거래조건을 표시할 때는 인코텀즈의 규정에 따라 조건명 뒤에 물품의 인도장소나 목적지를 표시한다. 예를 들어 FOB 뒤에는 선적항을 표시하고 CFR이나 CIF 뒤에는 도착항을 표시한다.

포장에서 결제까지

♠ 포장(Packing)

물건의 특성이나 규격에 적합하며 장거리운송에 견딜 수 있도록 견고한 포장을 해야 한다. 개별물건별 포장을 개별포장(Individual Packing)이라고 하고 일정량을 수출카튼박스에 포장하는 것을 최종 수출포장(Export Packing)이라고 하며 필요시 최종 수출포장에 앞서 Inner Box를 사용한 중간포장을 거치기도 한다.

화물의 포장박스 표면에는 선적 및 하역 작업을 원활하게 하고 다른 곳으로 잘못 운송되는 것을 방지하며 수입자가 내용물을 쉽게 확인할 수 있도록 수입자상호, 도착항, 포장일련번호, 원산지 등을 표시한다.

♠ 선적지(Shipping Port)

물건이 선적될 항구(또는 공항)를 뜻한다.

♠ 목적지(Destination)

물건이 도착할 항구(또는 공항)를 뜻한다.

♠ 선적기일(Shipment)

선적이 허용되는 최종시한을 뜻한다.

♠ 결제방식(Payment Methods)

　물품대금을 결제하는 방식으로 일반적인 무역거래에서는 송금방식과 신용장방식이 주로 사용된다.

▶ **송금방식(T/T : Telegraphic Transfer)**　은행을 통해서 물품대금을 송금하는 방식으로서 절차가 간편하고 신속한 반면에 송금시점에 합의하기가 어렵다는 문제점이 있다. 송금방식은 다시 물건이 선적되기 전에 송금하는 사전송금방식과 물건이 선적되거나 도착한 후에 송금하는 사후송금방식으로 나누어지며, 사후송금방식의 경우 송금시점을 별도로 합의해두어야 한다.

▶ **신용장방식(Letter of Credit)**　신용장이란 수입자를 대신해서 신용장 개설은행에서 수출자에게 물품대금의 지급을 약속하는 서식이다. 수출자는 개설은행의 약속을 믿고 물건을 선적한 후 선박회사(또는 포워더)로부터 선하증권(B/L; Bill of Lading)을 발급받아서 은행에 제출하고 수출대금을 회수하고, 수입자는 개설은행에 수입대금을 지급하고 선하증권을 전달받아서 선박회사에 제출하고 물건을 인수한다.

무역실무 책에 보면 신용장의 종류도 많고 이와 관련된 용어나 설명도 상당히 복잡하지만 실제 실무에서 꼭 필요한 부분만 간추리면 다음과 같다.

신용장

🏠 신용장의 종류

▶ **취소불능신용장(Irrevocable L/C)** 당사자 전원의 동의가 없이는 취
소가 불가능한 신용장

▶ **일람불신용장(At Sight L/C)** 선적서류 제시 즉시 대금이 결제되는 신
용장

▶ **기한부신용장(Usance L/C)** 수입자의 입장에서 볼 때 선적서류 인도
후 일정기간 후에 대금을 결제하는 신용장

▶ **양도가능신용장(Transferable L/C)** 신용장 금액의 일부 또는 전부를
제삼자에게 양도할 수 있는 신용장

▶ **확인신용장(Confirmed L/C)** 개설은행의 신용이 불확실할 때 개설은
행과 별도로 제삼의 믿을 수 있는 은행에서 신용장대금의 지급을 약
속하는 신용장

▶ **내국신용장(Local L/C)** 수출자가 수취한 신용장을 근거로 국내의 수
출용 원자재나 완제품 공급자 앞으로 발행하는 신용장

🏠 신용장 관련서류

선적서류란 수출자가 물건을 선적하고 대금을 지급받기 위해서 은행
또는 수입자에게 제출하는 서류로서 신용장방식에서는 신용장에서 요구
하는 선적서류(Documents Required)를 은행에 제출해야만 수출대금을
지급받을 수 있다. 신용장에서 요구하는 주요한 선적서류는 다음과 같다.

▶ **상업송장(Commercial Invoice)** 물품의 명세, 수량, 단가 및 총 금액
을 표시하여 물품명세서와 대금청구서의 역할을 하는 서식으로 수출
자가 발행한다.

▶ **포장명세서(Packing List)** 물품의 포장명세, 무게, 부피 등과 같은 물품의 포장상태를 표시하는 서식으로 수출자가 발행한다.

▶ **선하증권(Bill of Lading)** 증권에 기재된 조건에 따라 물건을 운송하여 목적항에서 증권의 소지자에게 인도할 것을 약속하는 유가증권으로서 선박회사 또는 포워더가 발행한다.

▶ **보험증권(Insurance Policy)** 증권에 기재된 조건에 따라 손해를 보상해줄 것을 약속하는 서식으로서 보험회사에서 발행한다.

▶ **원산지증명서(Certificate of Origin)** 물건의 원산지를 입증하기 위한 서식으로 수출국 상공회의소나 관련기관에서 발행한다.

🏠 신용장 관련용어

▶ **개설의뢰인(Applicant)** 개설은행에 신용장 개설을 의뢰하는 수입자

▶ **수익자(Beneficiary)** 신용장에 의거해 수출을 이행하고 은행으로부터 신용장대금을 지급받는 수출자

▶ **개설은행(Issuing Bank)** 수입자의 요청에 의해 신용장을 개설해주는 은행

▶ **통지은행(Advising Bank)** 개설은행으로부터 신용장을 접수하여 수출자에게 통지해주는 은행

▶ **확인은행(Confirming Bank)** 개설은행과 별도로 신용장대금의 지급을 약속하는 은행

🏠 신용장 통일규칙

신용장 통일규칙이란 신용장에 대한 각기 다른 해석으로 인해 발생하는 분쟁에 대비하기 위해서 국제상업회의소(International Chamber of Commerce)에서 제정한 신용장의 해석기준이다.

신용장 통일규칙은 민간단체인 국제상업회의소에서 제정한 것이므로 신용장상에 이 규칙을 신용장 해석의 기준으로 삼겠다는 문구가 기재되어야만 법적인 구속력을 갖게 된다. 단 전 세계적 은행간 통신망인 SWIFT 네트워크에 의해 신용장이 개설될 때는 자동적으로 신용장 통일규칙의 적용을 받게 된다.

신용장 사용이 보편화된 지 오래되어 신용장 해석을 둘러싼 분쟁의 소지는 크지 않으므로 따로 공부하지 않아도 실무를 수행하는 데 큰 지장은 없으나, 신용장 거래비중이 높은 경우라면 한번 공부해둘 필요가 있다.

🏠 수입신용장 개설을 위한 조건

수입신용장을 개설하기 위해서는 우선 거래은행과 외환거래약정을 맺어야 한다. 은행에서는 신용장 개설금액만큼 지급보증을 서는 것으로 간주하여 외환거래약정 체결시 담보나 보증을 요구하고 그에 상응하는 범위 내에서의 신용장 개설한도를 부여한다.

신용장 개설한도란 개별 신용장의 개설한도가 아니고 수입자별로 관리되는 총액개념의 한도로서 개설한도 내에서는 신용장 건수와 상관없이 개설이 가능하며 건별로 수입금액이 결제될 때마다 그 금액만큼 한도가 살아나게 된다.

그러므로 수입자로서는 처음에 개설한도를 책정할 때 충분한 한도를 부여받는 것이 좋으며 수입오더를 발주하기 전에 반드시 신용장 개설한도가 남아 있음을 확인해두어야 한다.

🏠 신용장 개설신청서 작성 요령

▶ **Credit Number** 신용장 번호는 은행에서 부여하므로 공란으로 비워둔다.

▶ **Beneficiary** 수출자의 상호 및 주소, 전화번호 등을 표기한다.

▶ **Applicant** 수입자의 상호 및 주소를 표기한다.

▶ **Advising Bank** 신용장을 수출자에게 통지해 줄 은행의 이름 및 주소를 표기한다. 통상적으로 수출자의 거래은행을 Advising Bank로 명기한다.

▶ **Tenor of Draft** 환어음의 지급기일(tenor)을 표기하는 것으로서 at sight L/C인 경우에는 at 다음에 sight라고 표기하고 usance L/C의 경우에는 90 days after sight 혹은 90 days after B/L date 등으로 표기한다. Usance L/C인 경우 Banker's 나 Shipper's를 구분하여 표시한다.

▶ **Amount** 신용장 금액을 통화단위와 함께 표기한다.

▶ **Date and Place of Expiry** 신용장의 유효기간과 유효기간의 기준이 되는 장소를 'December 31, 2007 in New York' 등과 같이 표기한다. 선적 후 네고에 걸리는 시간을 감안하여 최종선적일보다 10일 정도 더 잡아준다.

▶ **Documents** 신용장 개설신청서상에 명기된 서류 중 필요한 서류 명에 표시를 한다. 신청서 양식에 없는 서류가 필요할 때는 따로 명기한다. B/L난에 FOB 조건인 경우에는 freight collect라고 표기하고 CFR이나 CIF조건인 경우에는 freight prepaid라고 표기한다.

▶ **Commodity Descriptions** H.SCode, Name of Commodity, Quantity, Unit Price, Total Amount 등을 표기하고 물품내역이 많고 각각의 단가가 틀릴 경우에는 'Details are as per the Proforma Invoice No. 1234 dated ......' 등과 같이 표기한다.

▶ **Country of Origin** 물품의 원산지를 표기한다.

▶ **Trade(Price) Terms** FOB New York, CIF Pusan 등과 같이 표기한다.

▶ **Shipment from/to** 선적항과 도착항을 표기한다.

▶ **Latest Shipment** 최종 선적기한을 날짜로 명기한다.

▶ **Partial Shipments/Transshipment** 허용할 경우에는 Allowed 혹은 permitted, 허용하지 않을 때는 Not Allowed 혹은 Prohibited 라고 표기한다.

▶ **Document must be presented....** 선적 후 선적서류 제출기한을 표기하는 것으로서 통상 7~14일 정도 잡아준다. 제출기한을 명기하지 않으면 21일 내에 제출하는 것으로 해석된다.

▶ **Special Conditions** 한국 밖에서 발생하는 은행 수수료는 Beneficiary에서 부담한다고 표시하고 그 외의 L/C 조건이 있을 경우에는 따로 표기한다. 수입화물의 운송을 담당할 포워더를 지정할

경우에는 'ABC Shipping Co., Ltd's B/L acceptable' 등과 같이 표기한다.

계약체결

상담과정에서 바이어와 셀러간에 모든 계약조건에 대한 합의가 이루어지면 합의된 내용대로 계약이 성립된다. 무역계약은 형식이나 양식을 요구하지 않는 불요식계약(不要式契約)으로서 계약서를 서면으로 작성하지 않아도 성립되지만, 업무처리의 편의를 도모하고 분쟁발생시 근거서류로 사용하기 위해서 형식에 구애받지 않고 계약서를 작성해두는 것이 좋다.

무역거래에서 사용하는 계약서식으로는 Offer Sheet, Order Sheet, Sales Note, Purchase Order, Sales Contract 등이 있으며, 이들 서류 중에 한 가지 또는 두 가지 서식을 교환함으로써 계약을 체결한 것으로 간주한다.

현장에서는 위에 열거한 서식 외에 Proforma Invoice를 계약서 대신 사용하기도 한다. 즉 수출자와 수입자가 이메일이나 팩스 또는 구두상으로 모든 계약조건에 합의한 후 수출자가 합의된 계약조건을 명시한 Proforma Invoice를 발행해서 수입자에게 보내주고 수입자가 Profroma Invoice에 명시된 계약조건에 이의를 제기하지 않고 신용장을 개설하거나 물품대금을 송금하면 Proforma Invoice에 명시된 계약조건대로 계약이 이루어진 것으로 간주한다.

거래금액이 크거나 장기간에 걸쳐 지속적인 거래로 이어질 경우에는 거래건별로 작성하는 계약서식 외에 클레임 처리나 분쟁발생시의 처리 방법, 준거법 등을 명시한 일반거래조건약정서(Agreement on General Terms and Conditions)나 Sales Agreement 등과 같은 포괄매매계약서를 작성하기도 한다.

Proforma Invoice 작성요령

▶ **Invoice 번호와 발급일** Invoice No와 Date를 기재한다. Invoice No는 임의로 기재하면 되고 Date는 Invoice를 발행하는 일자를 표기한다.

▶ **수입자명** 수입자의 상호와 주소를 표기한다.

▶ **Origin** 물품의 원산지를 U.S.A., Japan 등과 같은 국가명으로 표기한다.

▶ **Payment** 일람불취소불능신용장에 의한 거래일 때는 'By an irrevocable L/C at sight in favor of 수출자명' 으로 표기하고 송금 방식의 거래일 때는 'By T/T to 수출자의 거래은행명, 계좌번호(Account No), 계좌명(Account Name)' 의 순으로 기재한다.

▶ **Packing** 특별한 사항이 없을 때는 'Export standard' 라고 기재한다.

▶ **Shipping Port** 선적지를 표기한다.

▶ **Destination** 목적지를 표기한다.

▶ **Shipment** 선적기한을 'Within one month after receipt of L/C' 등과 같이 표기한다.

▶ **Validity** Proforma Invoice의 유효기일을 표기한다.

▶ **L/C condition** 신용장에 의한 거래인 경우 Advising Bank명 및 기타 신용장 개설시 요구사항을 표기한다.

▶ **물품명세** Description, Quantity, Unit Price, Amount의 순으로 표시한다. 아이템의 종류가 많은 경우에는 별지에 작성하고 'Details are as per attached sheet' 와 같이 명기한다.

모든 업무는 포워더와 관세사가 대행해준다

계약이 체결되면 수출자는 계약조건에 일치하는 물건을 직접 생산하거나 다른 업체로부터 구입하는 등의 방식으로 물건을 확보하고 상업송장(Commercial Invoice)과 포장명세서(Packing List)를 작성해서 포워더에게 제출하고 선하증권(Bill of Lading)을 발급받는다.

수출자로부터 물건을 인수한 포워더는 물건을 선적지로 이동시키는 한편 제휴한 관세사로 하여금 수출통관 절차를 밟아줄 것을 의뢰한다. 포워더는 수출통관 절차를 마친 물건을 수입자가 지정한 항구 또는 공항까지 운송되도록 주선하고 물건이 목적지에 도착하기 일주일 정도 전에 수입자에게 도착통지서(Arrival Notice)를 보내준다.

포워더로부터 도착통지서를 발급받은 수입자는 사업자등록증, 상업송장, 포장명세서 등과 같은 수입통관에 필요한 서류와 수입관세, 부가세, 통관수수료 등과 같은 수입통관에 필요한 비용을 포워더를 통하거나 또는 직접 관세사에게 보낸다. 물건이 목적지에 도착하면 관세사가 통관절차를 밟아주고 통관절차를 마친 물건은 포워더가 수입자가 지정하는 장소까지 운송해준다.

이상에서 살펴보았듯이 물건의 인도, 인수와 관련된 모든 업무는 포워더와 관세사가 알아서 챙겨주므로 무역거래 당사자로서는 포워더와 관세사가 요구하는 서류만 잘 챙겨주면 된다.

선적서류 작성방법

일반적인 무역거래에서 필수적으로 준비해야 하는 선적서류로는 상업송장(Commercial Invoice), 포장명세서(Packing List), 선하증권(Bill of Lading) 또는 항공화물운송장(Air Waybill)이 있으며, 이밖에도 거래조건에 따라 보험증권(Insurance Policy)이 추가되기도 하고, 수입국가나 아이템에 따라 원산지증명서(Certificate of Origin)를 비롯한 각종 증명서(Certificate)를 요구하기도 한다. 이들 서류 중 수출자가 직접 작성해야 하는 Commercial Invoice와 Packing List의 작성요령은 다음과 같다.

🏠 Commercial Invoice 작성요령

▶ Seller 수출자의 상호 및 주소를 기재한다.

▶ **Invoice No and Date** Invoice No 와 Date를 기재한다. Invoice No는 임의로 기재하고 Date는 Invoice를 발행하는 일자를 표기한다.

▶ **Consignee** 수출물품을 인도받을 사람 혹은 회사의 이름과 주소를 기재한다. 송금방식일 경우에는 수입자의 상호와 주소를 기재하고 신용장방식의 경우에는 신용장상에 명기된 대로 기재한다. 즉 신용장상의 B/L 요구조항에 'Bill of Lading made out to the order of ABC bank' 라고 되어 있으면 Consignee난에도 'to the order of ABC bank' 라고 기재한다.

▶ **Notify** 물건의 인수를 통보 받을 사람이나 회사를 일컬으며 주로 수입자의 상호 및 주소를 기재한다.

▶ **Departure Date** 물건을 실을 선박이나 항공기의 출발일을 기재한다.

▶ **Vessel/Flight** 물건을 실을 선박이나 항공기의 편명을 기재한다.

▶ **From** 수출지를 기재한다.

▶ **To** 도착지를 기재한다.

▶ **Terms of Delivery and Payment** 거래조건 및 결제방식을 기재한다.

▶ **Shipping Mark** 수출포장박스에 표시한 Shipping Mark를 기재한다.

▶ **Description** 물건의 명세를 기재한다.

▶ **Quantity** 물건의 수량을 기재한다.

▶ **Unit Price** 물건의 단가를 기재한다.

▶ **Amount** 물건의 수량에 단가를 곱한 총금액을 기재한다.

🏠 Packing List 작성요령

▶ **Seller** 수출자의 상호 및 주소를 기재한다.

▶ **Invoice No and Date** Invoice No 와 Date를 기재한다. Invoice No는 임의로 기재하고 Date는 Invoice를 발행하는 일자를 표기한다.

▶ **Consignee** 수출물품을 인도 받을 사람 혹은 회사의 이름과 주소를 기재한다. 송금방식일 경우에는 수입자의 상호와 주소를 기재하고 신용장방식의 경우에는 신용장상에 명기된 대로 기재한다. 즉 신용장상의 B/L 요구조항에 'Bill of Lading made out to the order of ABC bank' 라고 되어 있으면 Consignee난에도 'to the order of ABC bank' 라고 기재한다.

▶ **Notify** 물건의 인수를 통보받을 사람이나 회사를 일컬으며 주로 수입자의 상호 및 주소를 기재한다.

▶ **Departure Date** 물건을 실을 선박이나 항공기의 출발일을 기재한다.

▶ **Vessel/Flight** 물건을 실을 선박이나 항공기의 편명을 기재한다.

▶ **From** 수출지를 기재한다.

▶ **To** 도착지를 기재한다.

▶ **Shipping Mark** 수출포장박스에 표시한 Shipping Mark를 기재한다.

▶ **Description** 물건의 명세를 기재한다.

▶ **Quantity** 물건의 수량을 기재한다.

▶ **Q'ty/Ctn** 카튼박스당 포장한 수량을 기재한다.

▶ **Carton No** 아이템별 카튼박스번호를 기재한다.

▶ **Net Weight** 물건의 순중량을 기재한다

▶ **Gross Weight** 물건의 순중량에 포장용기의 중량을 합한 총중량을 기재한다.

▶ **Measurement** 물건의 부피를 CBM(Cubic Meter)으로 표기한다.

Commercial Invoice와 Packing List는 수입국의 통관규정에 따라 특별한 양식이나 기재사항을 요구하기도 하지만 상기한 항목들이 기본 적으로 필요한 것들이다. 이들 양식은 특별한 형식에 구애받지 않고 자신이 작성하기에 편리한 형식으로 만들면 된다. 은행이나 세관 등에서 특별히 요구하는 양식이 있는 것이 아니고 서류에 기재된 내용을 중요시하기 때문이다.

Part 4
운송 · 통관 · 보험업무

● ● ● ● 무역거래당사자가 직접 처리해야 할 일은 거래할 물건과 거래할 상대방을 찾아내서 구체적인 거래조건에 합의하고 계약을 체결하는 것이다. 일단 계약이 이루어진 물건에 대한 운송, 통관, 보험 등에 관한 업무는 일정한 룰에 의해서 진행되는 단순한 절차에 불과하고 포워더, 관세사, 보험회사가 모든 업무를 대행해주기 때문에 구태여 세세한 내용을 알 필요 없이 최소한의 용어만 이해해도 충분하다. 그런데도 불구하고 무역실무 책에서는 이 부분에 대한 설명이 상당 부분을 차지하고 있어서 마치 이 부분이 무역업무를 처리하는 데 있어서 중요한 부분인 것과 같은 착각을 불러일으키기도 한다.

물론 자신이 직접 처리하지 않는 업무에 대해서도 자세한 내용을 알아서 나쁠 것은 없겠지만 시험을 목적으로 무역을 공부하지 않는 한 구태여 자신이 직접 처리하지도 않을 일까지 배우느라 시간을 허비할 필요는 없다. 이는 마치 자동차를 구입할 때 원하는 모델을 정하고 가격만 흥정해서 계약을 체결하고 자동차를 인도받아서 운전을 하기만 하면 되는 것과 같은 이치다. 자동차가 공장에서 출고되어 자신에게 인도될 때까지의 과정을 알 필요도 없고 영업소에서 대행해주는 자동차등록이나 세금계산 등의 업무도 굳이 알 필요가 없을 뿐더러 자동차보험에 가입할 때 세세한 보험약관이나 조건에 대해서 잘 몰라도 보험료만 납부하면 보험처리를 받는 데 지장이 없는 것이다.

운송업무를 처리해주는 포워더는 인터넷 검색엔진에서 '복합운송'을 검색어로 사용해서 찾을 수 있고 통관업무를 대행해주는 관세사와 보험업무를 대행해주는 보험회사는 각각 '관세사'와 '적하보험'을 검색어로 사용해서 찾아낼 수 있다. 이와 같이 운송, 보험, 통관 업무는 자신이 직접 처리하는 것이 아니기 때문에 구체적인 내용을 알 필요는 없지만 관련업체와의 원활한 의사소통을 위해서 알아두어야 할 기본적인 업무흐름과 관련용어는 다음과 같다. ● ● ● ●

운송

운송관련 기본상식

무역거래에 있어 운송이 차지하는 비중은 결코 무시할 수가 없다. 같은 나라에서는 비교적 거리가 짧기 때문에 물건의 운송비가 차지하는 비중은 그다지 크지 않지만 멀리 떨어져 있는 나라일수록 혹은 물건의 부피나 무게가 많이 나갈수록 운송비가 차지하는 비중은 커지기 마련이다.

국가간의 운송은 주로 선박을 이용하거나 항공기를 이용해서 이루어지는데 고가품이거나 시급을 요하는 경우를 제외하고는 대부분 해상운송을 이용하게 된다.

해상운송의 경우 일부 원자재나 대형장비 등을 제외한 대부분의 일반 상품은 컨테이너에 적재되어 운송되는데 한 건의 오더만으로 컨테이너를 채우는 경우를 FCL(Full Container Load)이라고 하고 독자적으로 컨테이너를 채울 수 없는 경우는 LCL(Less than Container Load)이라고 하며 제삼자의 물건과 함께 한 컨테이너를 채워서 운송된다. 컨테이너는 다시 용량에 따라 40ft와 20ft 컨테이너로 구분된다.

한편 출고지에서 선적항까지 운반하는 것은 로컬운송 혹은 내륙운송이라고 하며 FCL 화물의 경우에는 출고지에서 컨테이너에 직접 적재하여 운송하고 LCL 화물의 경우에는 트럭 등을 이용해서 선적항까지 운송된 후 컨테이너에 적재된다.

운임은 해상운송의 경우에는 부피, 항공운송인 경우에는 무게를 기준으로 책정되나 부피에 비해 무게가 지나치게 많이 나가거나 무게에 비해 부피가 지나치게 많이 나갈 경우에는 많이 나가는 것을 기준으로 삼기도 한다. 위험물질 등과 같은 특수화물의 경우에는 별도의 할증료가 부과되기도 한다. 해상운송의 경우에는 FCL의 경우 LCL보다 상대적으로 유리한 운임이 적용되고 같은 FCL의 경우에도 40ft 컨테이너 운임이 20ft 컨테이너의 운임보다 부피당 비용이 상대적으로 저렴하다.

운임산정을 위한 부피의 단위는 보통 CBM(Cubic Meter)이 사용되며 1CBM은 가로, 세로, 높이가 각각 1미터씩인 경우를 말한다. 한편 순수한 운임과는 별도로 물건을 컨테이너에 적재하거나 선박에 싣고 내리는데 별도의 비용이 추가되므로 운송비용을 산출할 때는 이러한 부대비용까지를 감안해야 한다. 이와 같이 운송비용은 여러 가지 요인을 감안하여 결정되므로 정확한 운임계산을 위해서는 포워더로부터 견적을 받는 것이 좋다.

선하증권

　선하증권(Bill of Lading)이란 선박회사나 포워더가 발행하는 유가증권으로 선박에 적재된 화물의 명세 및 포장, 수하인 등을 명시한 서류다. 수출자는 선적이 완료된 후 선하증권을 발급 받아 수출대금을 청구하고 수입자는 수출자 혹은 수출자의 은행을 통해서 선하증권 원본을 입수하여 선박회사나 포워더에 제출하고 화물을 인도 받게 되므로 무역거래에 있어 가장 중요한 서류 중에 하나다.

운송관련 용어

▶ **분할 선적(Partial Shipment)**　계약된 물건을 한 번에 선적하지 않고 2회 이상 분할하여 선적하는 것.

▶ **환적(Transshipment)**　물건이 선적항에서 도착항까지 같은 선박으로 운송되지 않고 중간기착지에서 다른 선박에 옮겨 실어져서 운송되는 것.

▶ **수하인(Consignee)**　B/L상에 화물인수인으로 지정된 사람을 뜻하며, 결제방식이 송금방식인 경우에는 수입자가 수하인이 되고 신용장방식인 경우에는 개설은행의 지시에 따른다고 명시한다.

▶ **통지인(Notify Party)**　선박회사나 포워더가 화물의 도착을 통보해주는 상대방으로 통상적으로 수입자를 통지인으로 지정한다.

▶ Shipping Mark 선적 및 하역 작업을 원활히 하기 위해 화물의 포장
박스에 일정한 표시를 하는 것으로서 주로 수입자의 상호약어, 도착
항, 포장일련번호, 원산지 등을 표시한다.

수입화물 선취보증서

수입화물 선취보증서(Letter of Guarantee)란 물건은 이미 도착하였으
나 선하증권 원본이 도착하지 않은 경우 수입자가 물건을 찾기 위해 선하
증권 상의 수하인인 신용장 개설은행으로부터 발급받는 보증서로서 수
입자와 개설은행이 연대하여 선박회사에 선하증권 원본이 도착하는 대
로 이를 제출할 것과 선하증권 원본 없이 물건을 인도 받는데 따른 모든
문제에 대해서 선박회사에게 책임을 지우지 않겠다고 보증하는 것이다.

원칙적으로 선박회사에서는 선하증권 원본이 제시되지 않는 한 물건
을 인도할 의무가 없으나 수입화물 선취보증서가 제출되면 예외적으로
선하증권 원본이 없이도 물건을 인도해주게 된다. 주로 지리적으로 가
까운 일본이나 중국, 대만과의 거래시, B/L 원본보다 물건이 먼저 도착
하는 경우에 사용된다.

통관

통관관련 기본상식

무역거래는 국내거래와 달리 서로 다른 경제체제를 가진 다른 국가로 상품이 이동하는 것이기 때문에 각각 물건의 수출국에서 물건을 내보내기 전에 하는 수출통관과 물건을 수입하는 나라에서 실시하는 수입통관의 두 가지 절차를 거쳐야 한다. 두 가지 모두 관세사가 업무를 대행해준다.

통관은 각 아이템의 HS Code에 입각해서 이루어진다. HS란 Harmonized Commodity Description and Coding System의 약자로 신국제통일상품 분류방식이라고 일컬으며 무역통계 및 관세부과의 기준을 삼기 위해 수출입 물품을 10단위의 숫자로 분류한 것이다. 아이템별 HS Code는 관세청사이트(www.customs.go.kr)에서 확인할 수 있다.

통관관련 용어

▶ **관세(Customs Duty)** 수입물품에 대해 과세하는 세금

▶ **HS(Harmonized System)** 무역서류와 통계자료의 통일성을 기하고자 관세협력이사회가 작성한 아이템별 고유번호체계

▶ **HSK(The Harmonized System of Korea)** HS를 우리나라의 실정에 맞게 보완한 것

▶ **수출신고(Export Declaration)** 외국에 수출하는 물건의 명세와 거래조건 등을 세관장에게 서면으로 신고하는 것

▶ **수입신고(Import Declaration)** 외국으로부터 수입하는 물건의 명세와 거래조건 등을 세관장에게 서면으로 신고하는 것

▶ **보세구역(Bonded Area)** 외국에서 수입한 물건을 수입신고수리 미필상태로 반입 · 장치 · 가공 · 전시 · 판매하는 구역

▶ **보세운송(Bonded Transportation)** 외국에서 수입한 물건을 통관수속을 밟지 않고 보세구역으로 운송하는 것

수입관련 세금

수입물품에 부과되는 세금으로는 관세, 특별소비세, 교통세, 주세, 교육세 및 부가가치세가 있으며 이중 특별소비세는 보석이나 골프용품 등의 사치품에만 부과되고 교통세는 휘발유와 같은 유류, 주세는 위스키

와 같은 주류에만 부과되며 교육세는 특별소비세 및 주세가 부과되는 물품에만 적용된다. 따라서 일반 아이템의 경우에는 관세와 부가세만 납부하면 된다.

부가가치세는 국내물품과 마찬가지로 10%의 고정세율이 적용되며 관세는 HS코드 분류에 따라 아이템별로 각기 다른 세율이 적용되나 대부분의 일반 공산품은 8%의 세율이 적용된다. 단 아이템별 관세율은 하시라도 변경될 수 있으므로 수입거래를 시작하기 전에 자신이 취급하고자 하는 아이템에 대해서 현재 적용되는 정확한 관세율을 확인해 두는 것이 좋다.

아이템별 관세율은 무역협회사이트(www.kita.net)에서 제공하는 품목별수출입요령에서 확인할 수 있다. 관세액은 해당 물품의 CIF가격에 과세환율을 곱한 감정가격에 관세율을 곱해서 산출한다.

원산지 규정

수입물품에 대한 통관시에는 무역거래질서를 확립하고 소비자를 보호하기 위해 시행되고 있는 원산지표시제도의 준수여부를 확인하게 되므로 원산지관련규정을 미리 확인해두어야 한다.

원산지표시제도는 원산지표시품목과 원산지확인품목의 두 가지로 구분하여 관리되고 있다.

원산지표시품목에는 일반 소비자에게 판매할 목적으로 수입되는 대부분의 소비재가 포함되며 원칙적으로 모든 낱개 제품마다 원산지를 표기해야 하나 해당물품에 직접 표기하는 것이 불가능하거나 원산지 표기로 해당물품이 심하게 훼손되는 경우에는 예외적으로 포장용기 등에 표기하는 것을 허용한다.

원산지는 한글로 '제조국 : 국가명'으로 표기하거나 영문으로 표기할 경우에는 'Made in…' 혹은 'Product of…' 등으로 표시해야 한다.

원산지 확인대상품목은 특정지역으로부터의 수입이 제한된 물품으로 세관에 원산지증명서를 제출해야 한다. 원산지증명서에는 수출국가와 상관없이 물품의 원산지가 명시되어야 하고 발급 권한이 있는 관공서나 상공회의소에서 발급한 것이어야 한다.

관세환급

관세환급이란 수출용 원자재의 수입시 납부한 관세를 수출이행기간 내에 수출품 제조에 사용한 경우 되돌려주는 것을 의미하며 환급절차에 따라 정액환급과 개별환급의 두 가지 종류가 있다.

정액환급이란 중소기업을 대상으로 정액환급률표에 포함되어 있는 품목에 대해서 건별로 관세 등의 납부액을 확인하지 않고 일정액을 환급해주는 것을 일컬으며, 개별환급이란 정액환급률표의 적용 대상이 되지 않는 수출품을 제조하는 데 사용된 원자재에 대해 납부한 관세를 원자재별로 산출하여 환급받는 것을 뜻한다.

관세환급액 산정이나 절차 등은 사안에 따라 상당히 복잡한 측면이 있으나 관세사가 관련업무를 대행해주므로 필요한 서류만 준비하면 된다.

보험관련 기본상식

보험에는 운송 중에 일어나는 사고를 담보해주는 적하보험과 수출자에게 거래에 따르는 위험을 담보해주는 수출보험 등이 있다.

적하보험은 운송 중에 발생하는 위험으로 인해 수출화물 및 수입화물의 멸실, 파손 등을 입은 손해를 담보하는 보험이다. 예를 들면 화물을 수송하는 도중에 선박의 침몰, 화재 등의 원인으로 화물이 멸실한다든지 손상을 입은 경우, 그 손실을 적하보험에서 보상하는 것이다. 이에 반해 수출보험은 화물 자체의 손실은 원칙적으로 담보하지 않는다.

적하보험조건은 구약관과 신약관으로 나누어지며, 담보위험의 범위에 따라 구약관에는 ICC(F.P.A), ICC(W.A), ICC(A/R), 신약관에는 ICC(C), ICC(B), ICC(A)의 조건으로 구분되어 있으나 실무에서는 이중

보상범위가 가장 큰 ICC(A/R) 또는 ICC(A) 조건이 주로 사용된다.

적하보험을 누가 들어야 할지는 거래조건에 따라 달라지는데, EXW, FOB, FAS, FCA, CFR, CPT조건에서는 수입자가 보험에 가입해야 하고, CIF, CIP, DAT, DAP, DDP조건에서는 수출자가 보험에 가입해야 한다.

보험증권에는 보험가액(Insured Amount), 보험조건(Insured Condition), 부보통화(Currency Insured), 보험금지급지(Settlement Place) 등이 명기되며 보험금액은 송장금액에 10%의 희망이익을 더한 110%를 부보하는 것이 일반적이다.

수출보험은 수출거래에 수반되는 여러 가지 위험 가운데에서 적하보험으로는 구제하기 곤란한 위험, 즉 수입자의 계약파기, 파산, 대금지급 지연 또는 거절 등의 신용 위험(Commercial Risk)과 수입국에서의 전쟁, 내란, 또는 환거래 제한 등의 비상위험(Political Risk)으로 인하여 수출자, 생산자 또는 수출자금을 대출해준 금융기관이 입게 되는 불의의 손실을 보상함으로써 궁극적으로 수출진흥을 도모하기 위한 비영리 정책보험이며 한국수출보험공사(http://www.keic.or.kr)에서 취급한다.

보험관련 용어

▶ Insurer 보험자 즉 보험회사

▶ Insured 피보험자 즉 보험에 드는 자

▶ Insured Amount 보험금액

▶ Insured Premium 보험료

▶ Insurance Policy 보험증권

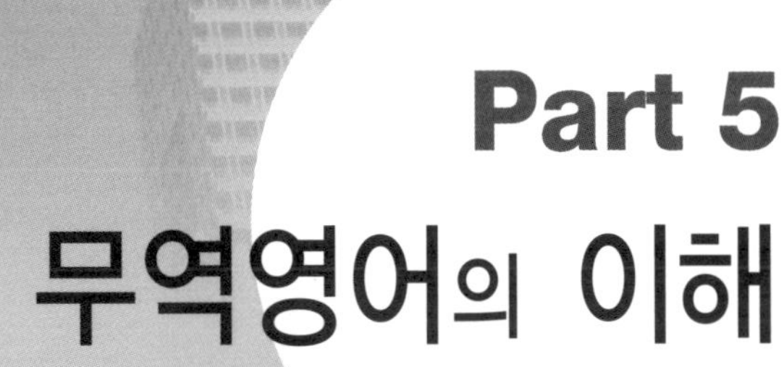

Part 5
무역영어의 이해

무역영어를 잘 하기 위한 요령

무역영어란 무엇인가

일반인들이 무역영어에 대해서 가장 잘못 이해하고 있는 부분이 무역영어라는 특별한 형태의 영어가 존재한다고 생각하는 것이다. 무역영어란 무역거래를 할 때 사용하는 영어를 일컫는 말이지만 무역영어라고 해서 일반적으로 사용하는 영어와 특별히 다른 점은 없다. 일반영어에 쓰이는 문법이나 단어, 구문들이 무역영어에서도 그대로 사용되는 것이다. 단지 무역거래에 사용되는 전문적인 용어가 일부 포함된다 뿐이지 전체적인 문장구성이나 표현법은 일반영어와 다르지 않다.

따라서 일반영어를 잘 하는 사람이면 무역영어도 잘하게 마련이고 일반영어가 부족한 사람은 무역영어를 하는데도 어려움을 겪게 마련이다. 단 일반 영어실력이 그다지 뛰어나지 않은데도 무역영어만큼은 능숙하게 구사하는 경우가 있는데 이 경우에는 무역영어를 사용할 수 있는 상황이 어느 정도 한정되어 있어서 그 한정된 상황에 따른 표현법을 익혀서 자기 것으로 만든 것으로 보면 된다.

예를 들어 호텔이나 면세점과 같이 외국인을 상대로 하는 업체에 근무하는 직원들의 경우 일반적인 영어실력은 그다지 뛰어나지 않더라도 자신들이 맡고 있는 업무에 한해서만은 능숙한 솜씨로 외국인과 의사소통을 하는 것을 볼 수 있다. 이 경우에도 자신의 업무와 관련된 영어를 능숙하게 구사하는 요령을 나름의 노력을 통해 익힌 것으로 봐야 할 것이다.

따라서 일반 영어실력이 조금 모자라더라도 무역영어만큼은 남 못지 않게 잘 할 수 있다는 확신을 갖고 실무에서 마주치는 표현들을 자기 것으로 만들도록 노력하는 적극적인 자세가 필요하다.

무역에 필요한 영어의 수준

외국사람과 거래를 하기 위해서는 직접 대면하거나 이메일, 팩스 혹은 전화를 통해서 상담을 하고 거래조건에 합의해서 계약을 체결하는 과정을 거쳐야 하고 무역서류를 영어로 작성할 줄도 알아야 하므로 일정수준의 영어실력을 갖춰야 하는 것은 두말할 필요가 없다.

문제는 무역거래를 하기 위해서 어느 정도 수준의 영어를 구사해야 한다는 것인데 자신이 직접 무역거래를 할 경우 그다지 높은 수준의 영어를 구사하지 않아도 웬만한 거래를 수행하는 데 큰 어려움이 없다. 같은 나라 사람들끼리도 물건을 사고팔 때 물건값이 싸다, 비싸다, 좀 깎아달라, 물건을 언제쯤 보낼 것인가… 등의 간단한 대화만으로 물건을 사고팔듯이 무역거래를 할 때도 복잡한 클레임에 연루되는 등의 특별한 상황에 처하지 않는 한 수준 높은 영어를 사용할 기회는 그리 많지 않기 때문이다.

같은 무역업무라 하더라도 자신이 직접 물건을 사고팔지 않고 외국회사의 에이전트 일을 하거나 중간에서 거래알선 일을 할 경우에는 자신이 직접 무역거래를 할 때보다 한 차원 높은 영어실력이 요구된다. 이 경우에는 물건값이 비싸다, 싸다 하는 단순한 차원을 넘어서서 시장상황에 대한 자세한 리포트도 해야 하고 거래 상대방을 설득하기 위해서 보다 다양한 영어표현에 익숙해야 하기 때문이다. 하지만 어떤 경우든 무역업무를 수행하는 데 필요한 영어는 어느 정도 일정한 틀에 의해서 구사할 수 있기 때문에 다른 비즈니스를 하는 데 필요한 영어와 비교하면 상대적으로 쉽다고 볼 수 있다.

나는 첫 직장인 종합상사에서 무역 일을 하고 두 번째 직장인 건설회사에서 영문 행정업무를 담당했었다. 무역 일을 할 때만 해도 영어실력에 관한 한 다른 어느 업종의 사람들보다 뒤질 것이 없다는 자부심을 가지고 있었는데 막상 건설회사에 들어가서 보니 착각 속에 살고 있었다는 것을 절감하게 되었다.

무역회사에서는 처음에 한두 달 고생하고 나니 기본적인 무역 표현에 익숙해져서 업무를 처리하는 데 큰 어려움이 없었는데 건설회사에서 사용하는 영어를 접하면서 입이 벌어질 수밖에 없었다. 그럴 수밖에 없는 것이 해외건설공사를 하려면 일정기간 동안 수많은 근로자들이 의식주를 함께하면서 살아가야 하기 때문에 비단 공사수행과 관련된 영어뿐만 아니라 인간생활에 필요한 모든 부분을 영어로 표현해야 했으므로 틀에 박힌 영어만 구사하면 되는 무역영어와는 비교도 할 수 없을 정도로 다양한 표현을 익혀야만 했다.

여기서 나의 경험을 언급한 이유는 무역영어야말로 어찌 보면 다양한 실무영어 중에서도 가장 쉬운 영어 중의 하나라는 사실을 강조하기 위함이다. 즉 무역거래를 수행함에 있어 아주 복잡한 클레임에 걸렸거나 특별한 상황에 처하지 않는 한 조금만 관심을 갖고 자주 나오는 표현을 자기 것으로 만든다면 큰 어려움 없이 업무를 수행할 수 있다는 것이다. 무역영어가 어렵지 않을까 하고 지레 겁을 먹는 것은 쓸데없는 우려에 불과하다.

무역영어를 쉽게 익히는 비결

앞서도 언급했듯이 무역영어는 상황에 따라 일정한 틀에 의해서 표현할 수 있기 때문에 상황별로 필요한 기본적인 표현방식만 익히면 큰 어려움 없이 무역업무를 처리할 수 있다. 문제는 과연 어떻게 무역거래에 필요한 기본적인 표현법을 익히느냐 하는 것인데 미리 예상되는 상황에 대한 표현법을 마스터한 후에 실무에 나서는 것보다는 기본적인 무역용어만 익히고 실제로 업무를 수행하면서 하나둘씩 필요한 표현법을 익혀나가는 것이 바람직하다.

비단 무역영어뿐만 아니라 일반적인 영어공부를 할 때도 미리 예상되는 상황에 따른 표현법을 익히는 방식보다는 실제 상황에서 영어로 표현하는 훈련을 쌓는 것이 보다 효과적으로 영어를 익힐 수 있는 방식이 될 수 있다.

무역영어에 대해서 두려움을 갖고 있는 사람들 중에는 시중에 나와 있는 무역영어 책에 나오는 구문이나 예문을 전부 마스터한 후에나 무역업무에 나설 수 있는 것으로 잘못 이해하고 있는 사람들도 있지만 이는 결코 바람직하다고 볼 수 없다.

일반영어에서와 마찬가지로 아무리 예상되는 상황에 대한 표현법을 완벽하게 익히더라도 실제 상황에서 즉각 응용하지 못하는 경우가 많고 오히려 혼동만 가져올 수 있기 때문에 일단 기본적인 무역용어만 익힌 다음에 업무에 임하는 용기가 필요하다.

처음 무역업무에 나서는 경우라면 선배직원들이 남겨놓은 파일을 참고하거나 무역영어 책을 참고해서 그때그때 상황에 맞는 표현법을 익히고 미국이나 영국 등과 같은 영어권에서 보내오는 영문서신에 사용된 표현법을 하나 둘 자기 것으로 만드는 것이 좋다. 영어권 국가가 아니더라도 독일, 네덜란드, 스위스 등과 같이 무역마인드가 강한 국가에 있는 거래처들과 교신을 하면 비교적 정확한 비즈니스영어를 익힐 수 있으며 싱가포르, 홍콩 등과 같이 영어의 사용이 일반화된 국가의 거래처들로부터 실용적인 영어를 배우는 것도 도움이 된다.

어차피 언어란 다른 사람이 하는 것을 따라하다가 배우게 되는 것이

므로 선배들이 사용하는 용어나 표현법을 따라하면서 하나 둘 익혀나가
는 것이 가장 빨리 무역영어를 익히는 지름길이 된다는 것을 잊지 말아
야겠다.

무역영어를 잘 하기 위한 요령

무역영어는 해외에 있는 무역거래 파트너와의 의사소통을 위한 수단
으로 사용하는 것이다. 따라서 미사여구나 장황한 설명보다는 간결하면
서도 정확하게 자신의 의사를 전달하는 것이 중요하다. 흔히 영어를 좀
한다는 사람 중에는 공연히 어려운 단어를 사용하거나 복잡한 문장을
사용해서 자신의 영어실력을 과시하려는 듯한 인상을 풍기는 경우가 많
은데 이는 신속하면서도 정확한 의사소통을 목적으로 하는 무역영어에
서는 오히려 역효과만 일으킬 뿐이다.

무역영어를 잘 하기 위해서는 가급적 쉬운 단어를 사용해서 간단명료
하게 영어로 표현하는 습관을 들이는 것이 좋으며 이를 위해서는 영자
신문을 구독하거나 영어뉴스를 청취하는 것이 도움이 될 수 있다. 신문
이나 방송의 특성상 간결하면서도 정확한 정보의 전달에 주력하므로 무
역영어의 사용의도와 일맥상통하기 때문이다.

무역영어를 구사함에 있어 지나치게 문법에 신경을 쓰는 것은 바람직
하지 않다. 물론 이왕이면 문법이 틀리지 않은 정확한 영어를 구사함으
로써 상대방에게 좋은 인상을 심어주는 것이 바람직하지만, 무역영어의

목적은 신속하고 정확한 의사전달에 있음을 다시 한 번 되새길 필요가 있다.

즉 문법에 신경 쓰느라 문장을 만드는 데 시간을 허비하고 장황한 문장 때문에 오히려 정확한 의사전달을 어렵게 하는 것보다는 다소 문법적으로는 맞지 않더라도 간결하면서도 정확한 의사전달에 포커스를 맞추는 것이 좋다. 그렇다고 상대방으로 하여금 정확한 해석이 불가능할 정도로 문법을 무시하거나 지나친 생략을 하지 않도록 조심해야 한다.

때로는 쉬운 단어를 사용해서 간결하면서도 정확한 문장을 구사하는 것이 어려운 단어를 사용해서 복잡한 문장을 만드는 것보다 훨씬 더 어려울 수가 있다. 하지만 항상 간결하면서도 정확한 영어를 구사하는 것이 중요하다는 인식을 갖고 꾸준히 노력하다 보면 자신도 모르는 사이에 보다 나은 무역영어를 구사할 수 있게 될 것이다.

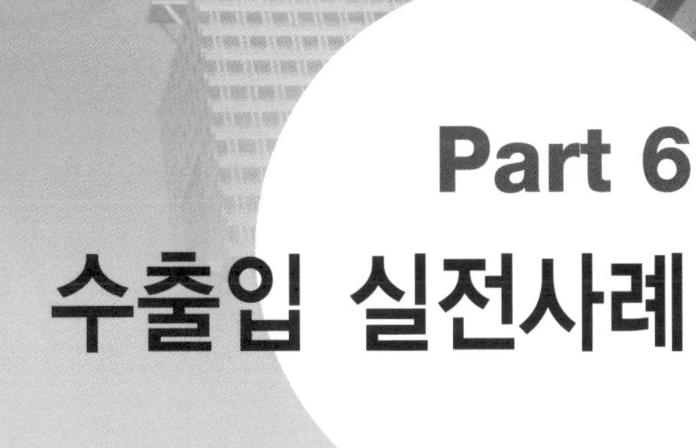

Part 6
수출입 실전사례

● ● ● ● 앞서 무역거래에 필요한 실무지식과 무역영어에 대해서
설명한 것을 토대로 실제 무역거래가 어떤 과정을 통해서 이루어지는지를 살펴보
기로 하자. 무역거래는 품목이나 거래규모, 거래당사자간의 계약내용에 따라 다양
한 방식으로 거래가 이루어지기 때문에 여기서는 일반적인 무역거래가 이루어지
는 과정을 소개하기로 한다.

앞에서도 여러 번 언급했듯이 무역실무 책에 나오는 용어나 무역절차 중에 실
제로 무역거래를 수행하는 데 필요한 것은 일부분에 지나지 않는다는 것을 스스
로 확인해보기 바란다. ● ● ● ●

Case 1 수출경험 없는 공장을 대신해 해외시장을 개척한 경우

K씨는 중소제조업체에서 총무 및 인사업무를 담당하다가 업무도 적성에 맞지 않고 상사와도 트러블이 있어서 독립의 기회를 엿보던 중 먼 친척뻘 되는 사람으로부터 자기가 운영하는 공장에서 생산되는 각종 스포츠 액세서리를 수출해보면 어떻겠느냐는 제안을 받고 독립을 결심하였다.

무역에 대한 경험이 전무한 K씨는 우선 무역회사를 경영하고 있는 선배를 찾아가서 자초지종을 설명하고 수출을 하기 위해 필요한 절차와 준비사항 등에 대해 자문을 구했다. 선배는 무역업이 자유화되어서 사업자등록증만 있으면 아무나 수출을 할 수 있다고 하면서 단지 수출하고자 하는 품목에 따라서 일부 수출이 제한되는 경우가 있으니 해당 품목의 수출요령을 확인해보라고 했다. K씨는 선배가 일러준 대로 무역협회 사이트에 접속해서 품목별 수출입요령을 확인한 결과 해당품목을 수출하는 데 아무런 제약이 없음을 확인하고 선배에게 다음에 할 일이 무엇인지를 물었다.

선배는 우선 해외바이어를 찾기에 앞서 수출할 물건에 대한 정확한 자료를 준비하는 것이 중요하다고 하면서 공장과 협의해서 수출할 물건의 정확한 규격과 용도, 특징 등에 대한 자료를 준비하고 물건의 포장상태를 확인해서 수출품의 포장으로 적합하지 않다는 판단이 서면 별도로 제작한 수출포장박스에 포장하는 방안을 강구하라고 했다.

아울러 공장도가격을 결정하되 수출의 경우 대량주문으로 이어질 수 있고 현금결제인 점을 감안해서 국내 도매가격보다도 유리한 가격을 받아내라고 했다.

K씨는 선배가 일러준 대로 공장을 방문해서 수출에 필요한 모든 자료를 준비하고 포장방법을 확인해 보니 선배의 지적대로 그동안 국내 거래만 하였기 때문에 포장방식도 일정하지 않고, 포장박스 재질도 튼튼하지 않아서 장거리를 수송해야 하는 수출포장으로는 적합해 보이지 않았다.

공장 사장에게 이 같은 사실을 설명하고 전문적으로 수출포장박스를 제작하는 업체에 의뢰해서 수출용 포장박스를 주문해서 포장을 강화해 달라고 요청하였더니 순순히 K씨의 제안을 받아들였다. 공장도가격 또한 국내 도매가격보다 훨씬 유리한 가격으로 결정되었다.

K씨는 확정된 공장도가격을 기준으로 수출가격표를 작성했다. 일단

수출오퍼를 보낼 지역이 정해지지 않았으므로 거래조건은 해상운임을 포함하지 않은 FOB(본선인도조건)로 하고 결제방식은 첫 거래임을 감안하여 사전에 송금해주던가 일람불신용장(at sight L/C)을 개설하는 것을 조건으로 다음과 같은 가격표를 작성했다.

<u>Export Price List</u>

Description/Item No	Unit Price/FOB Busan	Quantity/Carton
Sports Accessory K-001	US$4.50	300
Sports Accessory K-002	US$6.20	240
Sports Accessory K-003	US$7.40	200
Sports Accessory K-004	US$8.80	180
Sports Accessory K-005	US$9.10	180

Payment : By an irrevocable L/C at sight or T/T in advance

가격표를 작성할 때 현재 환율보다 약간의 여유를 두어 향후 환율변동에 대비하고 바이어의 가격할인 요청에 대비하기 위해서 실제 가격보다 약간 높은 수준으로 가격을 결정하고 바이어가 포장단위에 맞춰 오더량을 결정할 수 있도록 카튼박스당 포장되는 수량을 명시하였다.

아이템의 성격상 카탈로그도 필요했지만 일단 초기 시장개척단계에

서는 제품사진으로 대체하기로 하고 디지털카메라로 수출할 물건들을
찍어서 파일로 보관해 놓았다.

　가격표 작성을 마친 K씨는 본격적으로 바이어를 찾기 시작하였다. 우
선 무역협회 자료실에 가서 각국 수입업체 디렉토리를 뒤지고 인터넷무
역사이트 게시판에 올린 글 중에서 스포츠용품 수입에 관심이 있는 업
체들의 리스트를 구해서 다음과 같은 거래제의 서신을 작성해서 발송하
였다.

We got your name and address from the International
Directory of Importers and learned that you are a reliable
importer and distributor of various sports goods in your
market.

As an exporter specialized in various sports accessories, we
are looking for an importer of these items in your country.

Enclosed please find photos of our products as well as
export price list and advise us if you are interested in any
of these items.

We look forward to hearing from you soon.

거래제의 서신을 보낸 지 며칠 되지 않아서 다음과 같은 이메일이 도착했다.

Thank you for your email dated January 4, 2012.

We studied your photos and export price list and found that they might be suitable for our market. As a company specialized in distributing various sports goods, we would like to introduce your products in our market.

However, your prices seems to be a little bit high for our market. So please study your prices and advise us if there is any room for further reduction.

K씨는 상대방에게 수입의사가 있음을 확인하고 일단 거래를 성사시키기 위해서 다음과 같은 이메일을 발송했다.

Thank you very much for your email and for your kind interest in our products. We are pleased to confirm that we will grant you 3% discount from our export price list. If acceptable, please send us your trial order.

그로부터 며칠 후 바이어로부터 확정된 오더내역이 이메일로 날아왔다.

We are pleased to confirm our order as follow :

Item No	Quantity
K-001	900 pcs
K-002	720 pcs
K-003	800 pcs
K-004	540 pcs
K-005	360 pcs

Please issue a proforma invoice for above order.

As soon as we receive your proforma invoice, we will open an L/C.

K씨는 즉시 다음과 같은 Proforma Invoice를 작성해서 발송했다.

SMILE CORPORATION

Manufacturers, Expoters & Importers
123, SAMSUNG-DONG, KANGNAM-KU,
SEOUL, KOREA
TEL : (02) 555-1122 FAX : (02)555-1133

PROFORMA INVOICE

Messrs. HAPPY CORPORATION

Invoice No. SPI-0115
Date. January 15, 2012

Description	Quantity	Unit Price	Amount
		FOB BUSAN	
SPORTS ACCESSORIES			
K-001	900 PCS	US$4.37	US$3,933.00
K-002	720 PCS	US$6.01	US$4,327.20
K-003	800 PCS	US$7.18	US$5,744.00
K-004	540 PCS	US$8.54	US$4,611.60
K-005	360 PCS	US$8.83	US$3,178.80
TOTAL :	3,320 PCS		US$21,794.60

**   **************   *************   **************

Packing : EXPORT STANDARD PACKING
Shipping Port : BUSAN, KOREA
Destination : NEW YORK, USA
Shipment : WITHIN ONE MONTH AFTER RECEIPT OF YOUR L/C
Payment : BY AN IRREVOCABLE L/C AT SIGHT TO BE OPENED IN OUR FAVOR

Very truly yours,
SMILE CORPORATION

Proforma Invoice를 발급하고 얼마 안 되어 거래은행으로부터 외국에서 신용장이 도착했다는 연락이 왔다. 비로소 외국으로부터 첫 번째 오더가 확정되고 L/C까지 열린 것이었다.

비록 큰 오더는 아니었지만 K씨는 처음으로 해외바이어로부터 오더를 받고 흥분을 감출 수가 없었다. 즉시 공장 사장에게 전화를 해서 신용장이 도착했다고 했더니 그 또한 기쁨을 감추려 들지 않았다. 일단 공장 사장에게 오더를 준비하라고 해놓고 생각해보니 공장측과 물품대금 지급방식에 대해서 합의한 것이 없었다. 선배에게 이런 경우 어떻게 하는가 하고 물었더니 선배는 다음과 같은 대답을 주었다.

즉 수출업체가 국내공급업체에게 물품대금을 지급하는 방식에는 양자간의 합의에 따라 정해진 시기에 지급하는 방식과 수출업체가 내국신용장방식으로 물품대금을 지급하는 방식이 있다는 것이었다. 내국신용장은 단순히 지급수단으로만 사용되는 것이 아니라 국내공급업체에게도 수출실적이 부여되고, 영세율이 적용되며, 관세환급을 받을 수 있는 근거서류로 사용할 수 있는 등 다양한 기능을 가지게 된다. 만일 내국신용장의 발급이 여의치 않을 경우에는 수출자의 거래은행에서 발급하는 구매확인서를 근거서류로 사용하면 된다.

K씨는 선배의 설명에 따라 거래은행을 접촉해서 내국신용장 발급에 따르는 거래약정을 체결하고 공장을 수혜자로 하는 내국신용장을 발급받아서 전해주었다.

K씨는 공장에 내국신용장을 전해주자 더 이상 할 일이 없었다. K씨는 다시 선배에게 그 다음에 할 일이 무엇인지를 물었다. 선배는 이제

공장에서 물건생산이 완료되면 카고 트럭이나 컨테이너에 탑재하여 부산까지 실어간 후 수입업자가 지정한 목적지까지 가는 선박에 물건을 실으면 된다고 했다. 아울러 이런 업무를 종합적으로 취급해주는 곳이 복합운송주선업자(포워더)라고 하면서 선배가 거래하는 포워더를 소개해주겠다고 했다.

다음 날 포워더로부터 전화가 왔다. 선배로부터 소개를 받았다며 Commercial Invoice와 Packing List만 작성해주면 물건을 공장에서 픽업해서 부산항에서 물건이 실릴 때까지의 모든 운송업무를 대행해 준다고 했다.

그러면서 물건의 양이 얼마나 되느냐고 물었다. 물건의 양을 어떻게 계산하느냐고 했더니 물건을 포장한 박스의 가로, 세로, 높이를 미터단위로 곱해서 나오는 숫자를 CBM이라고 하는데 보통 배에 싣는 것은 CBM을 기준으로 한다고 하였다.

공장과 접촉해서 각 박스별 사이즈를 알려달라고 해서 CBM을 구하고(가로, 세로, 높이가 각각 1미터일 때의 부피가 1CBM) 다음과 같이 Commercial Invoice와 Packing List를 작성했다.

COMMERCIAL INVOICE

Seller/Seller SMILE CORPORATION 123, SAMSUNG-DONG, KANGNAM-KU, SEOUL, KOREA	Invoice No. and date SCI-0215 FEBRUARY 15, 2012 L/C No. and date L12345678 JANUARY 20, 2012
Consignee TO THE ORDER OF NEW YORK BANK	Buyer(if other than consignee) HAPPY CORPORATION 111, HAPPY ROAD NEW YORK, USA
	Other references COUNTRY OF ORIGIN REPUBLIC OF KOREA
Departure date JUNE 17, 2010	
Vessel/flight From OCEAN GLORY BUSAN, KOREA	Terms of trade and payment FOB BUSAN L/C AT SIGHT
To NEW YORK, USA	

Shipping Marks	No.&kind of packages	Goods description	Quantity	Unit price	Amount
		SPORTS ACCESSORIES			
HAPPY CORP	K-001		900 PCS	US$4.37	US$3,399.00
NEW YORK	K-002		720 PCS	US$6.01	US$4,327.20
C/NO. 1-15	K-003		800 PCS	US$7.18	US$5,744.00
ITEM NO :	K-004		540 PCS	US$8.54	US$4,611.60
	K-005		360 PCS	US$8.83	US$3,178.80
	TOTAL		3,320 PCS		US$21,794.60

	Signed by

PACKING LIST

<table>
<tr><td colspan="2">

Seller
  SMILE CORPORATION
  123, SAMSUNG-DONG, KANGNAM-KU,
  SEOUL, KOREA

</td><td colspan="4">

Invoice No. and date
  SCI-0215   FEBRUARY 15, 2012

</td></tr>
<tr><td colspan="2" rowspan="2">

Consignee

  TO THE ORDER OF NEW YORK BANK

</td><td colspan="4">

Buyer(if other than consignee)
  HAPPY CORPORATION
  111, HAPPY ROAD
  NEW YORK, USA

</td></tr>
<tr><td colspan="4">

Other references
  COUNTRY OF ORIGIN:
  REPUBLIC OF KORE

    L/C NO. L12345678

</td></tr>
<tr><td colspan="2">

Departure date
    FEBRUARY 17, 2012

</td><td colspan="4" rowspan="3"></td></tr>
<tr><td colspan="2">

Vessel/flight   From
  OCEAN GLORY   BUSAN, KOREA

</td></tr>
<tr><td colspan="2">

To
    NEW YORK, USA

</td></tr>
<tr>
<td>Shipping Marks</td>
<td>No.&kind of packages</td>
<td>Goods description</td>
<td>Quantity or net weight</td>
<td>Gross Weight</td>
<td>Measurement</td>
</tr>
<tr>
<td>

HAPPY CORP
NEW YORK
C/NO. 1-15
ITEM NO :

</td>
<td></td>
<td>

SPORTS ACCESSORIES

C/NO. 1-3 K-001
C/NO. 4-6 K-002
C/NO. 7-10 K-003
C/NO.11-13 K-004
C/NO.14-15 K-005

</td>
<td>

3,320 PCS
3,126 KGS

</td>
<td>3,438 KGS</td>
<td>24.321CBM</td>
</tr>
<tr>
<td colspan="3"></td>
<td colspan="3">

Signed by

</td>
</tr>
</table>

포워더는 출고날짜에 맞추어 물건을 공장에서 픽업해서 제휴한 관세사를 통해서 수출통관 절차를 마치고 선박에 실은 후에 선하증권(B/L)을 발급해주었다. K씨는 신용장과 함께 B/L, Commercial Invoice, Packing List를 은행에 제출하고 수출대금을 지급받은 후 공장에 줄 금액을 송금하고 바이어에게 다음과 같은 메시지를 팩스로 보냈다.

We are pleased to inform you that your order was shipped on the vessel 'Ocean Glory' that will depart from Busan on February 17, 2012 and arrive in New York on March 17, 2012. We are enclosing copies of shipping documents. Originals were submitted to our bank.

K씨는 난생 처음 자신이 직접 수출을 해보니 그야말로 별것 아니라는 생각이 들었다. 특히 바이어를 접촉해서 오더를 받은 것 외에 자신이 한 일이라고는 Proforma Invoice, Commercial Invoice 및 Packing List를 작성한 것밖에 없고 운송 및 통관과 관련한 모든 업무는 포워더와 관세사가 처리해준다는 것이 여간 편리하지 않았다.

첫 수출로 자신감을 갖게 된 K씨는 본격적인 해외시장개척에 나서서 인터넷에 웹사이트를 개설하고 해외전시회에 참가하는 등의 다양한 방법을 동원하여 신규바이어를 개발하고 취급품목을 확대하여 스포츠용품 전문수출업체로서 자리를 잡게 되었다.

[Case 2] 다수의 공장으로부터 물건을 구입해서 수출한 경우

Y씨는 문구제조업체에서 무역 일을 담당하다가 독립하여 독자적으로 문구아이템을 수출하기로 하고 인터넷무역 사이트를 검색하던 중 영국 업체에서 올린 다음과 같은 게시물을 발견하였다.

As an importer and distributor of various stationery items, we would like to import glues, scissors and paper clips from Korea. If available, please send us your catalogue and price list.

Y씨는 즉시 다음과 같은 이메일을 보냈다.

We read your message posted on EC21 and learned that you are looking for a Korean supplier of various stationery items such as glues, scissors and paper clips. We are not manufacturing those items ourselves, but can offer quality products at an attractive price based on our established relationship with local manufacturers specialized in each product.

We are enclosing catalogues and export price list for your

evaluation. Please feel free to advise us if you need any further information on our products.

We look forward to working with your company in the near future.

그로부터 며칠 후 바이어로부터 다음과 같은 회신이 왔다.

Further to your catalogues and price list, we would like to see actual samples before concluding our trial order. So please send us three pieces each of your samples by courier at your earliest convenience and advise us.

Y씨는 즉시 바이어가 요구한 샘플을 준비해서 국제항공특송(courier) 편으로 발송하고 다음과 같은 이메일을 발송했다.

We sent samples by express courier today as per your request, so you will receive them within this week. Please let us have your comment on the samples as soon as they reach you.

그로부터 며칠 후 바이어로부터 다음과 같은 이메일이 도착했다.

We received your samples and found that they might be acceptable for our market. We are placing a trial order as follow. Please issue a proforma invoice with CIF prices.

Description	Quantity
Glues G-001	500 pcs
Scissors S-002	800 pcs
Paper Clips P-005	800 pcs

Y씨는 즉각 다음과 같은 Proforma Invoice를 발행해서 바이어에게 보냈다. 바이어가 소량의 오더를 시험적으로 발주하고 시장의 반응을 본 후에 본 오더를 발주하고자 하므로 결제방식은 송금(T/T)방식으로 제시하였고 거래조건은 바이어가 요청한 대로 CIF조건으로 하였다. CIF조건의 가격을 계산하기 위해서 포워더와 보험회사에 예상물량의 부피(CBM)와 invoice 금액을 통보하고 견적을 받은 후 약간의 여유를 두어 단가를 계산하였다.

SMILE CORPORATION

Manufacturers, Expoters & Importers

123, SAMSUNG-DONG, KANGNAM-KU,

SEOUL, KOREA

TEL : (02) 555-1122 FAX : (02)555-1133

PROFORMA INVOICE

Messrs. HAPPY CORPORATION

Invoice No. SPI-0115

Date. January 15, 2012

Description	Quantity	Unit Price	Amount
		CIF FELIXTOW	
Glues G-001	500 PCS	US$0.45	US$225.00
Scissors S-002	800 PCS	US$1.05	US$840.00
Paper Clips P-005	800 PCS	US$0.50	US$400.00
TOTAL :	2,100 PCS		US$1,465.00
***	**************	*************	**************

Packing : EXPORT STANDARD PACKING

Shipping Port : BUSAN, KOREA

Destination : FELIXTOWE, UK

Shipment : WITHIN ONE MONTH AFTER RECEIPT OF YOUR T/T PAYMENT

Payment : BY T/T TO SEOUL BANK

     ACCOUNT NUMBER : 29104-2663808

     ACCOUNT NAME : SMILE CORPORATION

Very truly yours,

SMILE CORPORATION

Proforma Invoice를 보내고 며칠 되지 않아서 바이어로부터 다음과
같은 이메일이 도착했다.

We sent a check in the amount of US$1,465 to your address,
so please send our order as soon as it is ready.

Invoice금액이 얼마 되지 않아 송금하는 대신 수표를 발행해서 보낸
것이었다. 열흘 정도 후에 바이어가 보낸 수표가 도착했다. 거래하는 은
행에 제출하였더니 일단 한화로 환전해 주고 추심에 이상이 생기면 연
락해주겠다고 했다.

Y씨는 각 아이템별로 이미 접촉해두었던 공장에 연락해서 주문한 물
건을 준비해달라고 하고 물품대금은 물품의 인도와 동시에 현금으로 송
금해주겠다고 했다. 오더한 물량이 얼마 되지 않아서 곧 준비가 되었고
수출용박스에 포장한 것을 확인하고 포워더에게 연락해서 세 군데 공장
의 주소와 담당자 연락처를 알려주고 물건을 픽업해서 영국행 선박에
실어달라고 하고 다음과 같이 Commercial Invoice와 Packing List를
발급했다.

COMMERCIAL INVOICE

<table>
<tr><td colspan="3">Seller/Seller
  SMILE CORPORATION
  123, SAMSUNG-DONG, KANGNAM-KU,
  SEOUL, KOREA</td><td colspan="3">Invoice No. and date
  SCI-0215   FEBRUARY 15, 2012<hr>L/C No. and date</td></tr>
<tr><td colspan="3">Consignee

  HAPPY CORPORATION
  111, HAPPY ROAD
  NEW YORK, USA</td><td colspan="3">Buyer(if other than consignee)<hr>Other references
  COUNTRY OF ORIGIN:
  REPUBLIC OF KOREA</td></tr>
<tr><td colspan="3">Departure date
  JUNE 17, 2012</td><td colspan="3"></td></tr>
<tr><td colspan="3">Vessel/flight   From
  OCEAN GLORY   BUSAN, KOREA<hr>To
  FELIXTOWE, UK</td><td colspan="3">Terms of trade and payment
  CIF FELIXTOWE

T/T</td></tr>
<tr><td>Shipping Marks</td><td>No.&kind of packages</td><td>Goods description</td><td>Quantity</td><td>Unit price</td><td>Amount</td></tr>
<tr><td>HAPPY CORP
FELIXTOW
C/NO. 1-6
ITEM NO :</td><td>GLUES G-001
SCISSORS S-002
PAPER CLIPS P-005</td><td></td><td>500 PCS
800 PCS
800 PCS</td><td>US$0.45
US$1.05
US$0.50</td><td>US$225.00
US$840.00
US$400.00</td></tr>
<tr><td></td><td>TOTAL</td><td></td><td>2,100 PCS</td><td></td><td>US$1,465.00</td></tr>
<tr><td colspan="4"></td><td colspan="2">Signed by</td></tr>
</table>

188

PACKING LIST

Seller SMILE CORPORATION 123, SAMSUNG-DONG, KANGNAM-KU, SEOUL, KOREA	Invoice No. and date SCI-0215 FEBRUARY 15, 2012

Consignee HAPPY CORPORATION 111, HAPPY ROAD NEW YORK, USA	Buyer(if other than consignee)

	Other references COUNTRY OF ORIGIN REPUBLIC OF KOREA

Departure date
FEBRUARY 17, 2012

Vessel/flight   From
OCEAN GLORY   BUSAN, KOREA

To
NEW YORK, USA

Shipping Marks	No.&kind of packages	Goods description	Quantity or net weight	Gross Weight	Measurement
HAPPY CORP FELIXTOWE C/NO. 1-6 ITEM NO :		C/NO. 1-2 GLUES G-001 C/NO. 3-4 SCISSORS S-002 C/NO. 5-6 PAPER CLIPS P-005	2,100 PCS 2,945 KGS	3,239 KGS	3.512 CBM

Signed by

포워더로부터 물건이 무사히 선박에 선적된 것을 확인하고 B/L을 발급 받아서 Commercial Invoice, Packing List와 함께 바이어에게 발송하고 다음과 같은 메일을 보냈다.

We are pleased to inform you that your order was shipped on the vessel 'Dcean Glory' that will depart from Busan on February 17, 2012 and arrive in Felixtowe on March 17, 2012. We are sending you shipping documents including original B/L, commercial invoice and packing list by courier.

첫 번째 주문한 물건이 바이어에게 도착한 후 얼마 되지 않아서 바이어로부터 제법 큰 물량의 본 오더가 왔다. 그 후 바이어는 처음에 주문했던 아이템 외에도 다양한 아이템으로 주문을 늘려나갔고 Y씨는 영국 외에도 다른 유럽국가의 시장도 개척하여 문구전문 수출상으로 자리를 잡게 되었다.

수입 실전사례

Case 1 디렉토리를 통해 해외공급처를 찾아내 수입한 경우

P씨는 미술용품을 파는 화방을 대대로 해오고 있었는데 시장개방에 따라 외국 미술재료 수입이 자유화되자 자신이 직접 수입해서 팔면 다른 화방보다 유리한 입장에서 사업을 할 수 있겠다는 판단을 하고 무역협회 자료실의 디렉토리와 인터넷상의 해외 유명 미술재료 제조업체 정보를 입수해서 다음과 같이 거래를 하고 싶다는 서신을 보냈다.

We owe your name and address to the ABC Europ Production and learned that you are a reliable manufacturer of various fine art materials.

As a company specialized in fine art materials in Korea, we

would like to study a possibility for us to introduce your products in our market. So please send us your catalogue and export price list with the maximum discount you can allow.

We look forward to working with you in the near future.

그로부터 얼마 후 이탈리아에 있는 전문 화구업체로부터 다음과 같은 회신과 함께 카탈로그와 가격표가 왔다.

Thank you for your letter dated January 5, 2008 and for your kind interest in our products.

We are a leading manufacturer of fine art materials in Italy enjoying good reputation in overseas market as well as domestic market. Since we have been concentrating our sales effort to America and Europe, we haven' t had any serious business with Korea.

We are sending you our catalogue and price list as per your request. Please review them and feel free to advise us if you need any further information on our company and our products.

P씨는 우선 무역협회 사이트에서 제공하는 품목별 수출입요령을 통해서 해당 품목의 수입시 별 다른 규제가 없음을 확인하고, 일단 시장의 반응을 알아보기 위해 시험오더(trial order)를 발주하기로 결심하고 다음과 같은 이메일을 발송하였다.

As a result of our careful study of your catalogue and price list, we decided to place a trial order of your products as follow. Please send us your proforma invoice. We will proceed to L/C opening upon receipt of your proforma invoice.

Description/Item No	Quantity
Artist material I-001	100 Ea
Artist material I-00	250 Ea
Artist material I-003	300 Ea
Artist material I-004	100 Ea
Total	550 Ea

며칠 후 이탈리아 회사에서 다음의 Proforma Invoice가 도착했다.

PALOMA SPA

Manufacturers, Expoters & Importers
P.O.BOX 119, MIANO, ITALY
TEL : (02) 555-1122 FAX : (02)555-1133

PROFORMA INVOICE

Messrs. SMILE CORPORATION

Invoice No. IE-0120
Date. January 20, 2012

Description	Quantity	Unit Price	Amount
	EXW MILANO FACTORY		
ARTIST MATERIAL I-001	100 EA	EUR11.00	EUR1,100.00
ARTIST MATERIAL I-002	50 EA	EUR12.00	EUR600.00
ARTIST MATERIAL I-003	300 EA	EUR30.00	EUR9,000.00
ARTIST MATERIAL I-004	100 EA	EUR20.00	EUR2,000.00
TOTAL :	550 EA		EUR12,700.00
***	***************	*************	*************

Packing : EXPORT STANDARD PACKING
Shipping Port : ITALIAN PORT
Destination : KOREAN PORT
Shipment : WITHIN ONE MONTH AFTER RECEIPT OF YOUR L/C
Payment : BY AN IRREVOCABLE L/C AT SIGHT TO BE OPENED IN OUR FAVOR

Very truly yours,
PALOMA SPA

P씨는 이탈리아에서 보내온 Proforma Invoice에 입각해서 L/C application을 작성했다. 특히 거래조건이 EXW인 점을 감안하여 현지에서 물건을 픽업해서 선박으로 운송되는 전과정을 맡아 줄 포워더를 지정하는 것이 낫겠다는 판단을 하고 복수의 포워더로부터 견적을 받아 검토한 끝에 Lucky Express라는 포워더를 본 건에 대한 운송 및 통관을 책임질 포워더로 지명하고 Lucky Express의 이탈리아 파트너가 Italian Lucky Express임을 확인하여 L/C application 상에 'Italian Lucky Express's B/L is acceptable' 이라는 문구를 삽입했다.

L/C가 개설되었음을 확인하자마자 이탈리아 거래처에 다음과 같은 이메일을 보냈다.

We are pleased to inform you that the L/C has been opened as follow :

L/C Number : M1203456789

Amount : EU12,700.00

Opening Bank : Seoul Bank, Seoul

Advising Bank : Banca Commerciale Italiana, Milano

Latest Shipment Date : February 28, 2012

Expiry Date : March 10, 2012

Please proceed to preparation of the goods and advise us

as soon as shipping schedule is available.

신용장이 개설됨과 함께 선배의 조언에 따라 보험회사를 접촉해서 해상적하보험에 드는 것을 잊지 않았다. 그리고 한동안 수입건을 잊고 지내다시피 했는데 한참 후에 이탈리아 업체로부터 이메일이 도착했다.

We are pleased to inform you that your order will be shipped on the vessel 'Hallasan V123' that will depart from Italian port on February 25, 2012 and arrive in Busan on March 25, 2012.

그로부터 한 달 후 은행에서 수출자가 보낸 선적서류가 도착했으니 일주일 내에 신용장상에 명시된 물품대금을 지급하고 서류를 찾아가라는 연락이 왔다. 마침 포워더로부터도 일주일 후면 주문한 물건을 선적한 배가 부산항에 도착할 예정이니 은행에 도착한 서류와 함께 운임 및 관세, 부가세를 비롯한 각종 세금과 소정의 통관수수료 등을 보내달라는 요청을 받고 은행에서 서류를 인수해서 필요한 통관자금과 함께 포워더에게 넘겨주었다. 물건이 항구에 도착하자 포워더가 제휴한 관세사를 통해 통관절차를 밟은 후 물건을 픽업해서 P씨가 지정한 장소까지 운송해주었다.

처음으로 직접 물건을 수입하는 데 성공한 P씨는 실제로 직접 수입을 해보니 그다지 어려울 것이 없다는 것을 깨닫고 지속적으로 새로운 공급처를 개발하고 수입 아이템을 다변화해서 화구 종합수입업체로 발돋움하게 되었다.

Case 2 박람회를 통해 수입처를 개발해서 수입한 경우

A씨는 사무용기기 전문판매상으로 오랫동안 국산사무기기의 판매에 열중하다가 국내시장에 아직 선보이지 않은 외국산 사무기 중에 사무자동화에 기여할 수 있는 좋은 제품들이 많이 있다는 정보를 입수하고 직접 외국산제품을 살펴보기 위해서 세계적으로 명성이 높은 하노버 국제정보통신박람회를 참관하게 되었다.

박람회장에 전시된 각국 제품을 둘러보다가 독일회사에서 전시중인 최첨단 사무기가 눈에 띄어 구체적인 상담을 나누던 중 아직 한국을 위시한 동남아 시장에는 선보이지 않은 최신제품임을 확인하고 제품의 구체적인 사양과 용도 등에 대해서 자세한 설명을 들은 후 자신에게 한국 내에서의 독점판매권을 달라고 요청하였다.

독일회사에서는 A씨가 오랫동안 한국시장에서 사무기기 판매업을 하고 있음을 확인하고 일단 일년 동안 임시로 독점권을 부여하고 일년 동안의 판매결과를 보고 계약을 연장하기로 합의하고 A씨에게 조속한 시일 내에 시험오더를 발주할 것을 요청하였다.

한국에 돌아온 A씨는 간단한 시장조사를 통해 독일회사 제품이 워낙 신제품이라 아직 시장에 알려지지 않아서 소비자들에게 제품을 홍보하

기 위해서는 상당한 시간과 투자가 필요하지만 장기적으로 유망한 아이
템임을 확인하고 다음과 같이 시험오더를 발주하였다.

It was nice meeting with you in Hanover and we are
pleased to inform you that we finally decided to introduce
your products in our market. We are placing our first order
as follow. Please issue your proforma invoice so that we can
apply for an L/C based on the invoice.

Description	Quantity
Office Machine I-00	210 units

이메일을 보내고 며칠 지나지 않아서 독일회사로부터 다음과 같은
Proforma Invoice가 날아왔다.

GRUND OFFICE PRODUCTS GmbH

Manufacturers, Expoters & Importers
POSTFACH 1234 D-4166 KRUEZAU
GERMANY
TEL : (021) 555-1122 FAX : (021) 555-1133

PROFORMA INVOICE

Messrs. SMILE CORPORATION

Invoice No. GF-0115
Date. January 15, 2012

Description	Quantity	Unit Price	Amount
		FOB BUSAN	
OFFICE MACHINE I-002	10 units	US$2,500.00	US$25,000.00

Packing : EXPORT STANDARD PACKING
Shipping Port : GERMAN PORT
Destination : KOREAN PORT
Shipment : WITHIN ONE MONTH AFTER RECEIPT OF YOUR L/C
Payment : BY AN IRREVOCABLE L/C AT SIGHT TO BE OPENED IN OUR FAVOR

Very truly yours,
GRUND OFFICE PRODUCTS GmbH

A씨는 Proforma Invoice를 접수하자마자 즉시 거래하는 은행에 가서 신용장을 개설하고 다음과 같은 이메일을 보냈다.

We are pleased to inform you that the L/C has been opened as follow :

L/C Number: M20B210NS00612

Amount : US$25,000

Opening Bank : Seoul Bank, seoul

Advising Bank : Deutche Bank, Kreuzau,

Latest shipment date : February 28, 2012

Expiry date : March 10, 2012

Please start preparation of the order and advise us as soon as shipping schedule is fixed.

위와 같이 L/C 개설을 통보하고 한 달 정도 기다렸더니 독일회사로부터 이메일이 날아왔다.

Your order has been shipped on the vessel 'Hyundai Independence V-007' that will depart from Hamburg on February 25, 2012 and arrive in Busan on March 25, 2012. We will submit all the shipping documents including the original B/L to our bank as per L/C conditions.

    상기한 바와 같은 메일을 받고 나서 한참을 기다리고 있었더니 은행에서 선적서류가 도착했으니 일주일 내에 물품대금을 지급하고 서류를 찾아가라는 연락이 왔다. 한편 포워더로부터도 일주일 후면 물건을 실은 배가 도착할 것이니 선적서류를 제출하고 운임과 통관자금을 보내달라는 연락이 왔다. A씨는 은행에 물품대금을 지급하고 선적서류를 찾아서 운임과 함께 포워더에게 전달하였다.

    포워더는 물건을 실은 배의 도착을 확인하고 물건을 찾아서 제휴한 관세사를 통해서 통관절차를 마친 후 A씨가 지정하는 장소까지 물건을 가져다주었다. 무역에 대해서 별다른 지식이 없는 A씨는 이와 같이 포워더와 관세사의 도움으로 무사히 첫 번째 물량을 수입하는 데 성공하였고 지속적으로 물량을 늘리면서 성공적으로 사업을 운영하고 있다.

    이상에서 살펴본 바와 같이 실제로 물건을 수출하거나 수입하는 데 사용되는 용어나 절차는 그다지 복잡하지 않다. 물론 품목이나 시장, 거래형태 등에 따라서 좀 더 복잡한 절차를 거쳐야 하는 경우도 있지만 대부분의 일반적인 무역거래는 위에 제시한 사례의 틀에서 크게 벗어나지 않는다고 보면 된다. 오히려 단골고객과 거래가 반복적으로 이루어지면서 서로 신뢰가 쌓여서 지급조건이 송금방식으로 바뀌게 되면 거래절차는 더욱 간편해질 수도 있다.

    실제로 무역거래를 할 때 무역거래 당사자가 처리해야 할 업무가 예상보다 복잡하지 않은 것은 앞서도 누차 언급했듯이 무역업무 중에서도 비교적 복잡하고 어려운 것으로 여겨지는 운송, 통관, 보험 등의 제반 업무를 직접 챙길 필요 없이 포워더와 관세사, 보험회사에 일임하면 되기 때문이다.

이제까지 스스로 무역거래를 하기 위해서 꼭 알아두어야 할 용어와 절차 등에 관해서 설명하였지만 아직도 이 정도의 용어나 절차만으로는 뭔가 부족하다고 생각하는 독자들이 있을 수 있다. 나의 경험으로는 위에 설명한 내용만 완전히 자기 것으로 하면 웬만한 무역거래를 처리하는 데는 큰 어려움이 없다고 생각하지만 그래도 뭔가 마음이 놓이지 않는 독자들을 위해서 무역실무 책에 나오는 무역용어들을 주제별로 분류하여 부록으로 수록하였다.

다시 한 번 강조하지만 무역실무 책에 나오는 내용 중 상당 부분은 실제 업무를 수행함에 있어 몰라도 되는 것이다. 그러므로 미리 무역실무 책에 나오는 용어나 절차를 완벽하게 공부한 후에 업무에 임하려 하지 말고 실무에 꼭 필요한 내용만 파악하고 업무를 시작한 후에 혹시 모르는 용어나 절차가 나오면 그때 가서 부록에 수록해 놓은 주제별 무역용어를 참조하는 방식으로 활용하기 바란다.

마지막으로 이 책에 있는 설명만으로 부족하거나 특수한 상황에 대한 보다 전문적인 조언이 필요하다면 무역협회에서 운영하는 무역상담실을 이용할 것을 권한다. 무역의 각 분야별로 전문가들이 직접 상담은 물론 전화나 인터넷을 통한 상담에도 응해주므로 구체적인 사안에 대한 명확한 해답을 구할 수 있다.

Part 7

무역 초보자를 위한 어드바이스

실무에 도움이 되는 상식

무역업을 하기 위한 절차

2000년 1월 1일자로 무역업이 완전 자유화됨에 따라 사업자등록증만 있으면 누구나 자유롭게 무역업을 할 수 있게 되었다. 무역업이 자유화되기 전에는 한국무역협회에 신고를 하고 신고번호를 받아야 무역업을 할 수 있었지만 이제는 한국무역협회에 가입하지 않아도 무역업을 하는 데 아무런 제약이 없다.

다만 무역통계 작성 등의 목적으로 정부에서 한국무역협회에 위임하여 무역업고유번호를 부여하도록 하고 있다. 무역업고유번호는 한국무역협회 회원으로 가입하는 것과 상관없이 사업자등록증만 있으면 부여받을 수 있다.

사업자등록증을 발급 받으려면 본인의 신분증과 도장을 지참하고 사

업장을 관할하는 세무서에 가서 사업자등록 신청서를 작성해 제출하면
된다. 사업장을 임차한 경우는 사업장 임대차계약서를 제출해야 한다.

수출업무보다 수입업무가 쉽다

　무역은 수출과 수입으로 나누어 생각할 수 있는데 아무래도 수출 쪽
을 좀 더 쉽게 생각하는 경향이 있다. 수출하면 주변에서 흔히 볼 수 있
는 물건들을 외국에 내다 팔면 된다고 쉽게 생각하면서도 수입하면 왠
지 절차도 까다롭고 복잡해서 쉽게 손대기 어려울 것 같은 생각이 들기
때문이다.

　하지만 실제로 업무를 진행해 보면 수입업무가 수출업무보다 훨씬 쉽
다는 것을 깨닫게 된다. 우선 수출을 하기 위해서는 외국에 있는 바이어
를 잡아야 하는데 이것이 그렇게 쉬운 일이 아니다. 바이어에 대한 자료
야 무역관련기관에 있는 자료실이나 인터넷무역 게시판 등을 통해서 쉽
게 얻을 수 있지만 실제 거래로 연결시키기가 여간 어려운 것이 아니다.
같은 나라에 살고 있는 사람들끼리도 처음 거래를 트기가 쉬운 일이 아
닌데 얼굴 한번 보지 않은 외국인과 거래를 시작한다는 것이 쉽지 않기
때문이다.

　거래처를 개발하는 데 소요되는 비용만 놓고 보더라도 수출을 하기
위해서는 해외바이어에게 제품을 소개하기 위해서 카탈로그를 제작하
거나, 샘플을 보내는데 필요한 만만치 않은 초기비용을 감수해야 하는

반면 수입의 경우에는 거꾸로 해외공급업체에서 필요한 자료를 보내오기 때문에 별도의 비용을 들이지 않고도 거래처를 개발할 수 있다.

무역거래에 따르는 서류를 작성하는 것도 수출이 훨씬 불리하다. 즉 수출자는 Proforma Invoice, Commercial Invoice, Packing List 등과 같은 기본적인 선적서류는 물론이고 아이템이나 거래국가에 따라 추가로 요청하는 갖가지 증명서 등을 준비해야 하며 이밖에도 B/L이나 보험증서와 같은 서류도 발급받아야 하는 등 준비해야 할 것이 많지만 수입자의 경우에는 신용장에 의한 거래일 경우에 작성하는 신용장개설 신청서 외에는 별달리 작성하거나 준비할 서류가 없다.

통관이나 국내운송과 같은 업무는 관세사나 포워더가 대행해 주기 때문에 그야말로 돈만 준비하면 수입을 할 수 있는 반면에 수출의 경우에는 자신이 직접 준비해야 할 서류를 피할 수 없으므로 업무의 양만 놓고 본다면 수입업무가 수출업무보다 쉽다는 결론에 도달하게 된다.

새롭고 특이한 상품일수록 시장개척이 힘들다

새로 무역에 입문한 사람들이 빠지기 쉬운 함정 중의 하나가 이왕이면 남들이 취급하는아이템과는 뭔가 다르고 특이한 아이템으로 승부를 거는 것이 유리하다고 생각하는 것이다. 일반적인 상품의 경우 먼저 시작한 사람들이 확고하게 시장을 장악하고 있을 것이므로 늦게 시장에 참가한 사람으로서는 무언가 남들과 다른 아이템으로 승부를 걸어야 한다는 것이 일견 올바른 판단이라고 생각되기도 하지만 생각처럼 일이 잘 풀리는 것만은 아니다.

나의 친구 중에 특이한 아이디어 상품만을 취급하는 사람이 있다. 그는 각종 매스컴의 신상품코너나 전시회에서 소개되는 새로운 아이디어 상품 중에서 괜찮아 보이는 아이템을 골라서 공장과의 협의를 거쳐 수출 시장개척에 나서곤 한다. 그는 자체 제작한 웹사이트에 갖가지 신상품에 대한 설명을 사진과 곁들여 소개해 놓고 해외유명 검색사이트에 연결시켜 놓음으로써 신상품을 찾는 바이어와의 연결을 시도했다.

그 결과 처음 얼마 동안은 기대했던 대로 많은 바이어들이 웹사이트를 방문해서 신상품에 대해서 관심을 표명하고 샘플을 보내달라기도 하고 일부 소량이나마 시험오더도 들어오는 등 제법 활발한 움직임이 있었지만 꽤 오랜 시간이 흐르도록 본격적인 대량오더로 이어질 기미는 보이지 않았다.

그가 보기에는 아주 획기적이고 뛰어난 아이디어 상품임에도 불구하고 실제로 본격적인 거래로 이어지지 못하는 이유는 무엇일까? 우선 그가 아주 새롭고 특이하다고 판단한 그 아이디어 자체가 실제로는 그다지 새로운 아이디어가 아닐 가능성이 있다.

사람이란 누구나 한 번 자신의 생각이 옳다고 생각하면 그 생각에 빠져들어서 실상을 놓치는 경우가 있는데 그의 경우에도 자신은 획기적인 아이디어라고 생각했지만 다른 사람이 볼 때는 그저 평범한 아이디어에 불과했던 것이다. 그것이 그가 생각한 대로 아주 획기적이고 어마어마한 아이디어라면 그가 수출시장을 개척하기 전에 이미 다른 대기업에서 손을 댔거나 유사품이 시장에 널려 있을 가능성이 높은 것이다.

또한 설사 그가 확보한 아이템이 아주 획기적인 아이템이라도 해외의 바이어가 그런 획기적인 아이템을 판매할 만한 역량이나 능력이 부족하다면 아무리 아이템이 좋아도 그림의 떡이 되고 말 것이다.

해외의 아이디어 상품을 물색하는 사람들의 대부분이 아직 확실한 아이템을 확보하지 못한 사람들일 가능성이 크기 때문에 이는 곧 그들이 자기나라 시장에 확고한 판매망을 구축하지 못한 것으로 판단할 수 있으며 이것이야말로 아무리 기발한 아이템이라도 성공을 거두기 어려운 이유가 되는 것이다.

아이디어 상품의 경우에는 처음에 시장에 광고를 하고 홍보하는 것이 중요한데 새로 시작하거나 시장에 확고하게 자리를 잡지 못한 사람에게 그런 초기시장개척을 기대하는 것은 힘든 일이다.

따라서 새로 시작할수록 일반적인 아이템 중에서 시장이 그리 크지 않은 상품을 가지고 시작하는 것이 좋다. 일반적이면서도 너무 시장이 큰 경우에는 이미 먼저 시작한 사람들이 확고하게 시장을 장악하고 있을 가능성이 높고 특이하면서도 시장이 형성되지 않은 아이템의 경우에는 새로운 시장을 개척하기가 그만큼 힘들기 때문이다.

무역거래로 물건을 손에 쥐는 데는 생각보다 시간이 소요된다

외국에서 물건을 수입하고자 할 때 오더를 발주하고 나서 물건을 손에 넣을 때까지의 소요시간을 가급적 정확하게 예측하는 것이 중요하다. 예상한 시간보다 너무 일찍 물건이 도착한다면 그만큼 일찍 물품대금을 지급해야 하고 창고료 등의 추가부담도 만만치 않기 때문이다. 반대로 예상한 시간보다 너무 늦게 물건이 도착한다면 판매시기를 놓치거나 재주문인 경우 재고가 떨어져서 팔지 못하는 불상사가 생길 수도 있다.

무역거래 경험이 부족한 사람들이 흔히 저지르는 실수 중 하나가 운송 및 통관에 소요되는 시간을 너무 타이트하게 잡는 것이다. 예를 들어서 수출자가 물건을 준비하는 데 한 달이 걸리고 상대방 국가에서 우리나라까지 배로 운반하는 데 한 달이 걸린다고 했을 때 오더를 발주해서 물건이 도착할 때까지 걸리는 시간을 단순하게 두 달이라고 계산해서는 낭패를 보기 십상이다.

수출자가 물건을 준비했더라도 물건이 있는 곳에서 항구까지 운반하는데 시간이 걸리고 항구에 도착했다고 해서 바로 물건을 싣는 것도 아니며 물건을 실었다고 해서 배가 바로 출발하는 것도 아니다. 수입자가 지정한 항구에 물건이 도착한 다음에도 마찬가지다.

배에서 물건을 내리고 통관절차를 거쳐 수입자가 지정한 장소까지 물건이 도착할 때까지 각 단계별로 예상치 못한 업무상 지연이 발생할 수 있음을 감안해야 한다. 외국에서 물건을 수입할 때 물건을 받을 때까지의 소요시간을 산정할 때는 다음과 같은 변수를 유념할 필요가 있다.

■ 선적지로부터 수입자가 지정한 목적지까지 운항하는 선박이나 항공기의 운항주기에 따라 소요기간이 달라질 수 있다. 예를 들어 우

리나라와 일본같이 교역이 활발한 곳은 매일 선박이나 비행기편이
있지만 아프리카나 남미지역처럼 교역이 활발하지 않은 곳과 거래
를 할 때는 운항주기가 상당히 길어질 수 있다는 것을 염두에 두고
소요기간에 여유를 두어야 한다.

■ 선박에 물건을 실을 경우 통상 출항일로부터 이틀 전까지는 물건을
선박이 있는 곳까지 도착시켜야 한다는 것도 유념해야 할 사항이
다. 이와 같이 물건의 접수를 마감하는 것을 Closing이라고 하며
Closing 날짜가 지나면 비록 선박이 아직 출발하지 않았다고 해도
물건을 실을 수 없으므로 최소한 출항일로부터 이틀 전까지는 물건
을 선박이 있는 곳까지 도착시켜야 한다는 점을 감안해야 한다.

■ 물건이 수입국 항구에 도착하자마자 물건을 찾는 것이 아니고 일
단 보세창고에 입고시킨 후에 통관절차를 밟아야 하므로 통관절차
에 소요되는 시간을 감안해야 하며 경우에 따라서 통관 도중에 문
제가 발견되어 통관절차가 지체될 수도 있음을 유의해야 한다.

■ 물건이 자체적으로 컨테이너 한 대를 채우지 못해서 다른 사람들
의 물건과 함께 컨테이너에 실리는 LCL화물인 경우 물건이 수입국
의 항구에 도착한 후에 컨테이너에 실린 물건을 화주별로 가르는
데 시간이 소요되는 것을 감안해야 한다.

이상 열거한 바와 같은 여러 가지 변수를 감안할 때 수출자가 물건을 준비하는 데 한 달이 걸리고 물건을 운송하는 데 한 달이 걸린다고 하면 통상적으로 오더를 발주해서 물건을 손에 넣을 때까지 세 달 정도 걸린다고 예상하는 것이 안전한 계산이라고 볼 수 있다.

비행기로 운반하면 바로 물건을 받을 수 있다고 생각할 수도 있지만 운송시간만 줄어들 뿐이지 내륙운송이나 통관절차에 따르는 소요시간은 어쩔 수가 없기 때문에 오더를 발주하고 바로 물건을 받을 수 있다는 생각은 위험하다.

신용장도 완벽한 것이 아니다

흔히 신용장에 의한 거래는 수출자와 수입자가 서로 안심하고 거래를 할 수 있다고 얘기하지만 신용장에 의한 거래일지라도 수출자가 마음먹기에 따라서는 얼마든지 수입자를 골탕먹일 수 있다. 예를 들어 텔레비전 100대를 수입하기로 하고 신용장을 발급했는데 상대방이 텔레비전이 아닌 돌멩이를 실어서 보냈다고 하자.

수출자가 invoice에 계약서 내용 그대로 텔레비전 100대라고 명세란에 적어놓았다면 선적회사는 이를 근거로 선하증권을 발행할 것이고 그 선하증권을 거래은행에 가지고 가서 물품대금을 청구하면 은행에서는 서류상 아무런 하자가 없으면 그대로 돈을 내주게 된다. 선박회사나 은행에서는 서류상 이상이 있는지를 확인할 뿐이지 실제로 선적된 물건이 주문한 물건과 동일한 것인지를 확인할 의무가 없기 때문이다.

대부분의 무역 사기는 이런 맹점에서부터 발생한다. 수입자의 입장에서 보면 물건을 보기 전에 먼저 돈을 지불해야만 은행으로부터 선하증권을 인도받을 수 있기 때문에 텔레비전 대신에 돌멩이를 실어보낸 사실을 알았을 때는 이미 돈은 지급된 상태가 되는 것이다. 그때 가서 은행에다 왜 물건을 확인해보지도 않고 돈을 내주었느냐고 항의를 해보았자 소용없는 일이다.

이런 문제를 방지하기 위해서 대형오더인 경우 수출국에 주재하는 자신의 에이전트나 제3의 기관으로 하여금 주문한 대로 물건이 선적되었는지를 검사토록 하는데 이 또한 완벽하게 무역 사기를 방지할 수는 없다.

오래전에 나의 친구가 직접 겪은 경험을 예로 들어보자. 그 친구는 중남미 바이어의 에이전트로서 바이어를 대신해서 국내공장들과 상담을 하고 계약을 체결해 물건이 제대로 실렸는지 검사하는 역할까지를 수행했다. 한번은 새로 개발한 신발공장에 발주한 컨테이너 세 대분의 오더를 검사하기 위해 공장에 나갔더니 이미 컨테이너에 실어놓은 다음이었다. 원래는 컨테이너에 싣기 전에 검사를 받아야 했지만 이미 실어놓은 것을 다시 꺼내라고 할 수도 없어서 그냥 컨테이너에 실은 상태에서 바깥 부분에 실린 신발들을 체크해서 별 이상이 없음을 확인하고 검사확인서에 사인을 해주었다.

그로부터 한참 후 물건을 받아본 바이어로부터 급전이 날아들었다. 컨테이너를 개봉해서 물건을 확인해보니 앞에 두세 줄까지만 제대로 된 물건을 싣고 그 뒤에는 텅 비어 있더라는 것이었다. 친구가 망연자실해서 물건을 실은 공장을 찾아갔을 때는 이미 그 공장은 없어진 후였다. 물론 자신이 검사를 나가기 전에 물건을 실어놓은 것을 이상하게 생각하고 이미 실어놓은 물건이라도 모두 꺼내서 일일이 확인하지 않은 친구의 책임도 크지만 어쨌든 열 사람의 경찰이 한 사람의 도둑을 막지 못한다고 사기를 치려고 드는 사람을 피하기란 그리 쉬운 일이 아니다.

위와 같이 수출자가 마음먹고 다른 물건을 싣거나 물건을 적게 싣는 등의 문제가 발생할 수도 있지만 때로는 신용장을 개설한 은행 때문에 문제가 발생하기도 한다. 즉 신용장이란 수출자보다 신용장 개설은행을 믿고 거래를 하는 것인데 개설은행을 믿을 수 없다면 신용장에 의한 거래를 할 의미가 없어지는 것이다.

우리나라의 경우에는 대부분의 은행이 어느 정도 규모도 크고 하루아침에 망하는 경우가 드물지만 외국에는 조그만 규모의 사설은행들도 많고 아예 실체도 없는 유령은행까지 있는 실정이라 신용장이 개설됐다고 해서 무조건 믿고 거래를 했다가는 물품대금을 받지 못할 수도 있다는 것을 유의해야 한다.

이렇게 거래상대방 은행의 신용도에 의심이 갈 경우에는 일단 거래상대방 은행에서 신용장을 발행하되 믿을 수 있는 제3의 은행에서 확인을 받도록 하는 것이 좋다. 이 경우 확인은행에서는 일정액의 확인수수료를 받고 개설은행과 별도로 대금지급을 보증해주는 역할을 하게 된다. 통상적으로 수입자가 확인은행을 지정하게 되는데 세계적으로 알려진 유명은행을 지정하든가 수입자가 거래하는 은행을 확인은행으로 지정한다.

신용장에 의한 거래가 반드시 수입자에게만 문제를 야기하는 것은 아니다. 수출자의 입장에서도 신용장 때문에 곤혹을 치르는 경우가 적지 않다. 제일 문제가 되는 것이 신용장에서 요구하는 서류를 완벽하게 준비하는 것이 쉬운 일이 아니라는 것이다.

통상적으로 신용장에서 요구하는 B/L, Commercial Invoice, Packing List, Insurance Policy(CIF 조건인 경우) 등의 서류를 준비하는 것은 별로 어려울 것이 없으나 추가적으로 각종 증명서를 요구하는 경우에는 애기가 달라진다. 증명서 중에서도 일반적으로 통용되는 원산지증명서 같은 경우에는 일정한 양식도 있고 해당 관공서에 가면 어렵지 않게 발급받을 수 있지만 문제는 거래하는 국가나 아이템에 따라 별도로 요구하는 각종 증명서들이다.

예를 들어 화학물질을 수출할 때 유해화학물질이 아니라는 증명서를 요구한다든지 동물생산품을 거래할 때 전염병에 감염되지 않았다는 증명서를 요구한다든지 할 때 이들 증명서를 발급받기 위해서는 상당한 시간과 비용을 소비해야 하고 경우에 따라서는 이제까지 한 번도 발급된 적이 없는 새로운 양식의 증명서를 요구하는 경우도 있어서 관련기관을 설득해서 증명서를 발급받느라 애를 먹기도 한다.

더 문제가 되는 것은 악덕 수입자가 고의로 서류작성상의 사소한 실수를 빌미로 대금지급을 거절하는 경우다. 무역서류가 아무리 간단하다고 해도 사람인 이상 서류를 작성하다 보면 실수를 저지르기 마련인데 수입자가 마음먹고 아주 사소한 실수까지 잡아내려고 한다면 이를 피해 나가기가 쉽지 않다.

위에서 살펴본 바와 같이 아무리 신용장을 통해서 거래를 하는 것이 안전하다고 할지라도 거래상대방에 대한 확실한 믿음이 없다면 신용장을 가지고 거래를 한다고 해서 100% 안전하다고는 볼 수 없다. 따라서 신용장을 통해서 거래를 하더라도 항상 상대방에 대한 경계를 늦추지 않고 조심스럽게 거래에 임할 필요가 있다.

무역서식 작성요령

예비창업자들이 무역에 입문할 때 가장 부담스러워하는 것 중 하나가 무역서식을 작성해 본 경험이 없어서 무역업무를 처리하는 데 지장을 받지 않을까 하는 것이다. 물론 무역업무를 처리함에 있어 무역서식을 정확하게 작성하는 것이 중요하지만 모든 서식과 마찬가지로 무역서식도 실제로 작성해보면 그다지 어렵지 않다는 것을 깨닫게 된다.

무역업자가 스스로 양식을 만들어서 작성해야 할 서식은 특별한 경우를 제외하고는 수출업자가 작성하는 견적송장(Proforma Invoice), 상업송장(Commercial Invoice), 포장명세서(Packing List) 등이며 나머지 서식은 은행을 비롯한 유관단체에서 이미 만들어 놓은 양식에 필요한 내용을 채워 넣기만 하면 된다. 예를 들어 수출업자가 작성하는 내국신용장개설신청서나 수입업자가 작성하는 신용장개설신청서 양식은 은행에서 제공하며 원산지증명서 양식은 상공회의소에서 제공한다.

수출의 경우 수출업자가 직접 작성하는 보증서(Guarantee Letter) 혹은 증명서(Certificate) 등을 요구하는 경우도 있지만 이 경우 특별한 양식에 구애받지 않고 수입업자나 수입업자의 은행이 요구하는 내용대로 기술하고 사인하면 되므로 크게 문제될 것이 없다. 또한 선하증권(Bill of Lading)은 선박회사나 포워더가 발행하고, 보험증서(Insurance Policy)는 보험회사에서 발행하므로 무역업자로서는 이들 서식의 작성방법을 알 필요가 없다.

무역업자가 직접 양식을 만들어서 작성해야 할 상업송장이나 포장명세서의 작성요령은 이 책의 앞부분에서 상세하게 설명하였고 실제로 작성한 양식을 선보이기도 했지만, 이들 서식은 기존에 사용되고 있는 양식에 구애받을 필요 없이 각자가 취급하는 아이템이나 거래조건에 적합한 양식을 만들어서 사용하면 된다.

무역에 처음 입문하는 사람 중에는 이들 서식을 기존에 사용되는 양식대로 작성해야만 하는 것으로 알고 있는 경우가 많은데 이는 무역서식의 용도를 잘못 이해한 데서 비롯된 것이다.

즉 수출업자가 작성하는 상업송장이나 포장명세서는 수입업자나 운송업자, 은행, 세관 등에게 물건의 명세나 가격, 포장상태 등을 정확하게 전달하기 위한 용도로 작성되는 것이므로 이와 같은 용도를 충족시키는 한 특별한 양식에 구애받지 않고 임의로 작성해도 하등 문제될 것이 없다. 외국의 수출업자가 작성하는 서식은 회사마다 천차만별이며 심지어는 일정한 양식을 사용하지 않고 담당자가 손으로 적어서 보내는 경우도 있다.

이 책에서 앞서 소개한 포장명세서 양식만 하더라도 기존의 무역실무 책에 소개된 양식에는 들어 있지 않은 Q'ty/Ctn(카튼박스당 포장한 수량) 및 Carton No(아이템별 카튼박스번호) 항목을 추가해서 포장명세서만 보고서도 아이템별 포장내용을 확인할 수 있도록 하였다.

포장명세서의 용도가 물건의 포장상태를 정확하게 전달하는 데 있으므로 기존에 사용되는 양식에 들어 있지 않은 내용을 추가했다고 해서 문제될 것은 없다. 반대로 기존에 사용되는 양식에 들어 있는 항목이라도 해당 서식의 용도에 크게 어긋나지 않는 한도 내에서 생략할 수도 있다.

보다 자세한 서식별 작성요령은 한국무역협회 사이트에서 제공하는 서식 작성요령을 참고하면 된다.

수출가격과 판매가격과의 차이

우리나라에서 1만원 하는 물건이 외국에서 3만원이나 한다거나 거꾸로 외국에서 1만원에 살 수 있는 물건이 우리나라에서는 3만원 한다면 굉장히 수지가 남겠다며 무역거래를 통해서 큰돈을 벌 수 있겠다는 성급한 결론에 도달하는 사람들이 있다. 하지만 이런 경우에 실제로 계산해보면 별로 무역거래의 메리트가 없는 경우가 많다.

무역거래인 경우에 물건값에 추가로 소요되는 비용이 예상외로 크기 때문이다. 무역거래시에 추가로 부담해야 하는 비용으로는 공장에서 부두까지 실어가는 운반비용, 통관비용, 해상운임, 보험료, 수입통관비용, 수입에 따른 관세 등 각종 세금, 도착항에서 수입자의 창고까지의 운반

218

비용 등을 꼽을 수 있으며, 여기에다 수입품의 국내판매에 따르는 국내 유통 비용까지 더해지면 그야말로 배보다 훨씬 큰 배꼽이 되고 마는 것이다. 따라서 단순히 국내에서 1만원에 구할 수 있는 물건이 미국에서는 3만원에 팔리기 때문에 수출하면 돈을 벌 수 있겠다는 생각은 순진한 발상이 아닐 수 없다.

내가 처음 수출품을 오퍼했을 때 미국의 수입업자로부터 내가 제시한 수출가격의 정확히 10배에 달하는 가격표를 물건의 겉포장에 부착해서 보내달라는 요청을 받은 적이 있다. 국내가격의 10배가 미국에서의 소비자 가격이 되는 것이다.

물론 소비자 가격은 그렇게 붙여 놓고 50%를 할인해서 팔면 대번에 5배로 줄어들고 유통마진 등을 감안하면 그렇게 불합리한 가격이라고 볼 수도 없지만 어쨌든 수출가격과 수입국의 소비자 가격과의 단순한 비교만으로 수출 타당성을 따지는 것은 결코 바람직하지 않다는 것을 새겨 둘 필요가 있다.

고무줄 같은 수출가격

무역거래를 함에 있어 수출자가 가격을 제시하는 방법은 크게 두 가지로 나누어진다. 원자재와 같이 가격변동이 심한 아이템의 경우에는 상담이 진행될 때마다 그때그때 가격을 제시하고 일반상품과 같이 일정 기간 동안 동일한 가격을 제시할 필요가 있는 경우에는 별도의 가격표를 만들어서 수입의사가 있는 상대방에게 보내준다.

그때그때 가격을 제시하는 경우에는 견적할 시점에 유효한 가격을 제시할 수 있기 때문에 크게 문제될 것이 없지만 일정기간 동안 유효한 가격표를 작성할 때는 예기치 못한 가격변동 상황에 대처하기 위해서 가격을 결정할 때 약간의 여유를 두는 것이 일반적이다.

또한 업체에 따라서는 수출가격표를 작성할 때 거래상대방이 가격할인을 요청할 것에 대비해서 가격할인에 응할 정도의 여유를 두고 가격을 책정하는 경우도 많다. 심한 경우에는 제목은 수출가격표(Export Price List)라고 달아 놓고 실제로는 국내소매가격을 표시한 후 큰 폭의 할인율로 수입자를 현혹시키는 경우가 있으므로 수출가격표를 받으면 해당 가격이 어떤 기준으로 작성되었는지를 확인해 볼 필요가 있다.

수입자의 입장에서 처음부터 상대방의 수출가격표를 작성한 기준을 가늠하기가 힘들다면 일단 헛일하는 셈치고 얼마만큼 디스카운트가 가능한지를 확인하고 넘어가는 것이 좋다. 해외거래처에 따라서는 미리 할인을 염두에 두고 가격표를 만들어 놓고도 상대방이 가격할인을 요청하지 않으면 원래 가격대로 밀고 나갈 수도 있기 때문이다.

거래단가의 변화

수출입단가는 여러 가지 요인에 의해서 결정되지만 오더의 양에 따라 적용되는 수출입단가가 달라진다는 데 주목할 필요가 있다. 국내거래에 있어서도 대량주문에 대해서는 보다 싼 가격을 적용시키는 것이 일반적인 관례이듯 국제거래에 있어서도 오더량이 늘어나면 보다 유리한 가격을 적용해 주는 것이 상례다. 따라서 같은 물건이라도 오더량에 따라 각기 다른 가격이 적용되기 마련이다.

수출업체에 따라 수출가격을 적용하는 최소주문단위(Minimum Order Quantity)를 책정하는 경우가 많고 오더량에 따라 각기 다른 할인율을 제시하기도 한다. 오더량과 상관없이 기본적으로 들어가는 관리비나 부대비용은 큰 차이가 나지 않으므로 이왕이면 오더량이 큰 것이 이윤을 많이 남길 수 있기 때문에 그만큼 큰 할인폭을 제시하는 것이다.

위에 언급한 물품가격 자체에 대한 차이 외에도 수출입거래 절차에 따른 제반 비용들 중 오더의 크기와 상관없이 동일한 금액을 지불해야 하는 경우가 많다. 예를 들어 은행수수료나 운송수수료, 통관수수료 중에는 거래금액과 상관없이 건당으로 부과되거나 기본요율을 정해놓기도 한다. 이와 같이 건당으로 부과되거나 기본요율이 적용되는 경우를 감안하면 당연히 오더량이 클수록 거래단가는 낮아지기 마련이다.

그밖에도 무역거래단가의 중요한 부분을 차지하는 운송비의 경우에도 오더의 양이 커지면 보다 유리한 요율을 적용받을 수 있기 때문에 거래단가를 낮출 수 있다.

예를 들어 오더량이 컨테이너 한 대를 채우지 못하는 LCL 화물의 경우에는 다른 사람들의 오더와 함께 컨테이너에 실리고 LCL에 적용되는 운임을 내야 하기 때문에 독자적으로 컨테이너를 채울 수 있는 FCL의 경우보다 상대적으로 비싼 운임을 감수해야 한다.

이와 같이 오더의 양에 따라 적용되는 거래단가가 크게 달라지기 때문에 가급적 오더의 규모를 늘리는 것이 거래단가를 낮출 수 있는 비결이기도 하다.

환율변동에 대처하는 법

수출자의 입장에서 수출가격을 책정할 때 제일 조심해야 할 것 중의 하나가 환율이다. 수출가격은 주로 미국달러나 유로화, 일본엔 등으로 가격을 표시하게 되는데 환율의 변동이 심한 경우에 견적 시점과 실제로 물품대금을 받는 시점의 환율 차이로 인해서 예상치 못한 손해를 보거나 반대로 환차익을 볼 수도 있다.

환율이 상당폭 변하더라도 큰 손해를 보지 않게 가급적이면 견적 당시의 환율보다 보수적인 환율을 기준으로 수출가격을 책정하는 것이 바람직하다. 또한 일부 가격변동이 심한 원자재를 제외하고는 한 번 책정한 가격을 지나치게 자주 바꾸는 것은 바람직하지 않으므로 웬만한 환율변동에는 가격을 조정하지 않아도 될 정도로 여유 있게 가격을 책정하는 것이 좋다. 하지만 무조건 환율을 여유 있게 적용하다 보면 가격경쟁력을 상실할 수가 있으므로 적정한 환율을 결정하는 데 세심한 노력이 요구된다.

수입자의 입장에서도 환율은 상당히 중요한 의미를 갖는다. 외화로는 같은 가격이라도 환율의 등락에 따라 자신이 직접 지급해야 하는 금액은 변하기 때문이다. 실제로 환율 급변으로 인해서 자신이 수입을 결정할 때 계산했던 수입단가와 물품대금을 지급할 때 적용하는 환율의 차이로 인해 손익이 갈리기도 한다. 따라서 수출을 할 때와 마찬가지로 수입을 검토할 당시의 환율보다 다소 보수적인 환율을 기준으로 수입단가를 책정하는 것이 바람직하다.

특히 환율변동이 심할 때는 가급적 외상수입을 자제하는 것이 좋다. 물건이 도착할 때 환율보다 물품대금을 지급할 때 환율이 지나치게 높은 경우 수입물품을 판매할 때는 상당한 마진이 생긴 것으로 기대했음에도 불구하고 환차손으로 인해 오히려 손해만 보는 경우도 생길 수 있기 때문이다.

무역에 베테랑인 사람 중에도 무역 일에는 뛰어난 역량을 보이다가도 환율예측을 잘못해서 사업을 망치는 경우가 왕왕 있다. IMF사태 직전에 외상으로 과다한 물량을 수입했던 수입상들이 급격한 환율상승을 버티지 못하고 도산한 경우가 대표적이다. 환율의 변화를 미리 정확하게 예측하는 것은 사실상 불가능하기 때문에 환율변동이 클 것으로 예상되는 경우에는 수출보험공사에서 제공하는 환변동보험에 가입해두는 것이 좋다.

수출포장에 대해서

수출의 경우 물건이 내륙운송 및 해상 혹은 항공운송을 거치는 동안 여러 번 싣고 내리는 과정을 반복해야 하고 장거리 운송을 견뎌내야 하기 때문에 충분히 튼튼한 재질의 수출포장박스를 사용해야 한다. 또한 동일한 공간에 최대한 많은 양을 실을 수 있도록 수출포장의 규격에도 신경을 써야 한다. 그렇다고 무조건 박스의 크기를 크게 했다가는 물건을 싣고 내리는 작업을 하기가 어려워지므로 박스당 무게에도 신경을 써서 적정한 사이즈의 박스를 준비하는 것이 좋다.

또한 수입자에게 박스당 포장단위를 통보해서 오더량을 결정할 때 포장단위의 배수가 되도록 유도해야 한다. 예를 들어 한 박스에 30개 씩 들어가는데 500개의 주문을 받는다면 오더를 처리하는 데 문제가 생기게 된다.

물건의 크기가 너무 작다든지 판매상 필요한 경우에는 수출박스 포장에 앞서 작은 박스에 포장을 하는데 이를 inner box라고 한다. 예를 들어 6개씩의 개별 물건을 inner box에 포장해서 6개의 inner box를 하나의 carton box에 담는 식으로 수출포장을 하게 된다.

수출포장박스 표면에는 물건을 쉽게 식별할 수 있도록 수입자의 상호, 아이템번호, 포장일련번호, 도착항, 원산지 등을 표시하는데 이를 화인(shipping mark)이라고 한다. 선박이나 항공기가 여러 곳에 기착하는 경우 도착항을 제대로 표시하지 않으면 화물이 목적지가 아닌 곳으로 잘못 운송될 수도 있다.

또 별도로 컨테이너를 채울 수 없는 LCL화물의 경우 다른 사람들의 오더와 함께 컨테이너에 실리기 때문에 shipping mark가 제대로 표시되지 않으면 다른 사람의 화물과 섞일 수 있다는 것을 유념해야 한다.

물건 도착했는데 오리지널 B/L이 도착하지 않았을 때의 대처

원칙적으로 선박회사는 오리지널 B/L이 없으면 물건을 인도해주지 않는다. 선박회사에서 일일이 물건을 찾으러 온 사람의 신원을 확인할 수도 없는 상황에서 오리지널 B/L을 갖고 있는 사람에게 물건을 인도하는 것이 가장 확실한 방법이기 때문이다.

따라서 수출자는 물건을 싣고 오리지널 B/L을 발급받자마자 최대한 신속하게 수입자에게 전달해줄 의무가 있지만 물건이 도착할 때까지 오리지널 B/L이 수입자에게 도착하지 않는 경우가 생기게 마련이다. 우선 신용장을 통한 거래인 경우 오리지널 B/L은 은행을 통해서 수입자에게 전달되기 때문에 양쪽의 거래은행에서 지체하게 되면 수출자의 의지와 상관없이 수입자로의 전달이 늦어질 수 있다.

제일 문제가 되는 것은 서로 지리적으로 인접한 국가간의 거래에서 발생한다. 예를 들어 우리나라와 일본 혹은 대만간의 거래일 경우 물건을 실은 배는 2~3일이면 도착하지만 오리지널 B/L은 은행을 거치거나 직접 보내더라도 2~3일 안에 도착시킨다는 것이 그리 쉬운 일이 아니다.

이와 같이 물건은 도착했는데 오리지널 B/L이 도착하지 않은 경우에는 신용장개설 은행으로부터 수입화물선취보증서(Letter of Guarantee)를 발급받아서 선박회사에 제출하고 물건을 찾을 수 있다. 수입화물선취보증서란 수입자와 신용장개설은행이 연대하여 선박회사에 선하증권 원본이 도착하는 대로 이를 제출할 것과 선하증권 원본 없이 물건을 인도받는 데 따른 모든 문제에 대해서 선박회사에게 책임을 지우지 않겠다고 보증하는 서류다.

결제조건이 송금방식이고 항해일수가 짧은 경우에는 아예 오리지널 B/L을 발행하지 않고 B/L 사본에 SURRENDERED라는 스탬프를 찍어서 수입자에게 팩스 등을 통해서 보내주면 오리지널 B/L없이 물건을 찾을 수 있다.

세금은 어떻게 내야 하는가

사업자에게 부과되는 세금은 크게 부가가치세와 종합소득세(법인인 경우 법인세) 두 가지 종류가 있는데 부가가치세는 매분기말에 마감해서 다음 달 25일까지 신고해야 하고 종합소득세는 일년에 한 번씩 매년 5월말까지 신고 후 납부하면 된다.

종합소득세는 일년간의 총수입금액에서 필요경비를 제한 종합소득금액에서 각종 소득공제금액을 제한 과세표준금액에 국세청에서 고시하는 세율을 곱한 후 누진공제액을 제하는 방식으로 산출하며 종합소득금액의 10%에 해당하는 주민세가 별도로 부과된다.

외형이 큰 경우에는 법인으로 등록하여 종합소득세 대신에 법인세로 납부하는 것이 유리하지만 사업초기에는 개인사업자로 시작했다가 사업이 확장된 후에 법인으로 전환하는 것이 일반적이다.

세금과 관련된 규정들도 수시로 변경될 수 있으므로 항상 변경되는 부분을 관심을 가지고 지켜보는 것이 필요하다. 거래규모가 크고 복잡할 경우에는 세무사에게 관련업무를 위임하는 것이 좋다.

클레임의 해결방안

클레임이란 계약당사자 중 한쪽에서 계약을 제대로 이행하지 않았을 때 피해자가 상대방에게 손해보상을 청구하는 권리 또는 손해배상을 요구하는 것을 의미한다. 주로 물건의 품질에 이상이 있거나 선적이 지연되는 경우, 대금결제가 제 때 이루어지지 않는 경우에 발생한다.

클레임이 수출자와 수입자간에 원만하게 해결되지 않으면 제삼자에 의한 해결방법을 모색할 수밖에 없다. 제삼자에 의한 해결방안으로는 알선(recommendation), 조정(conciliation), 소송(litigation), 중재(arbitration) 등의 방법이 있으나 이 중 알선이나 조정은 강제력이 없기 때문에 결국 최악의 경우 소송이나 중재를 통해서 문제를 해결할 수밖에 없다.

클레임을 소송으로 해결하려면 시간이나 비용도 많이 걸릴뿐더러 자국(自國) 법원의 확정 판결이 상대국의 거래상대방에게 법적인 효력을 가질 수 없다는 문제점이 있으므로, 중요한 거래인 경우 계약서를 작성할 때 분쟁 발생시 중재판정에 따른다는 조항을 달아두는 것이 좋다. 중재와 관련된 보다 자세한 사항은 대한상사중재원의 웹사이트(www.kcab.or.kr)에서 확인할 수 있다.

Undervalue에 대하여

외국과의 거래에 있어 국가간의 가격경쟁력 차이로부터 자국산업을 보호하고 국가재원을 마련하게 위해서 부과되는 것이 수입품에 대해서 부과하는 수입관세다. 주로 후진국으로 갈수록 수입관세가 비싸서 심할 경우 100% 이상의 고율 관세가 부과되기도 한다. 100% 이상이라 함은 물건값보다 세금이 더 비싸다는 얘긴데 그런 고율 관세를 내고도 수입을 하겠느냐는 의문이 생길 수 있지만 후진국일수록 고가의 상품을 소비하는 특수층이 존재하기 때문에 크게 문제될 것이 없다.

문제는 일반인을 상대로 판매되는 일반상품의 경우 관세가 높아지면 국산제품과의 경쟁이 어려워지기 때문에 수입관세를 적게 내기 위해서 수입관세 부과 기준이 되는 invoice가격을 허위로 조작해서 낮게 신고하는 경우가 있는데 이를 undervalue라고 한다. 관세율이 높은 일부 국가에서는 관행적으로 undervalue가 이루어지기도 하고 우리나라 수입업체 중에도 undervalue를 시도하는 경우가 있는데 이는 관세를 포털하기 위한 범법행위로 절대로 시도하지 말아야 한다.

사기성 메일에 조심하라!

한때 나이지리아를 비롯한 아프리카 지역에서 거액의 자금을 관리해주는 대가로 고율의 수수료를 주겠다고 유혹하는 메일이 유행처럼 날아든 적이 있다. 한동안 뜸하더니 최근 들어 다시 이 같은 내용의 이메일이 심심찮게 날아들고 있다. 일면식도 없는 사람에게 거액의 자금을 맡기겠다는 것 자체가 허무맹랑한 내용이건만 이런 사기성 메일에 속아서 답장을 보내는 사람들이 의외로 적지 않다.

일단 답장을 보내면 여러 가지 명목으로 소정의 금액을 우선 자기네 계좌로 보내라고 한다. 언뜻 보기에도 어수룩하기 그지없는 사기극(詐欺劇)에 불과하건만 거액의 수수료를 준다는 제안에 눈이 멀어서 자기도 모르는 사이에 속아 넘어가는 경우가 있으니 조심해야 한다. 지나친 욕심은 화를 부른다는 것을 명심할 일이다.

무역관련기관과 인터넷의 활용방안

　새로 무역에 입문해서 독립적으로 일하다 보면 혼자서 해결하기 힘든 여러 가지 문제에 부닥치게 되고 먼저 입문한 선배들의 도움이 필요할 때가 많다. 하지만 그럴 때마다 일일이 남에게 도움을 청하는 것도 쉬운 일이 아니고 즉각적인 해결책을 구하지 못해서 낭패를 볼 수도 있다. 이럴 때를 대비해 무역관련기관이나 인터넷을 활용해서 스스로 문제를 해결하는 방법을 알아두면 상당히 도움이 된다. 무역관련기관이 제공하는 구체적인 서비스와 인터넷 활용방안을 소개하면 다음과 같다.

무역관련기관이 제공하는 서비스

　한국무역협회, 대한무역진흥공사(KOTRA), 한국수입업협회 등 무역관련기관에서 제공하는 서비스 중에는 회원가입 여부와 상관없이 이용할 수 있는 것들이 많다. 특히 각 기관에서 운영하는 자료실에 가면 무역과 관련한 다양한 자료와 도서를 열람할 수 있으므로 자주 이용할 것을 권한다.

이밖에도 무역과 관련한 다양한 문제나 궁금한 점은 무역협회에서 운영하는 상담실을 이용하면 각 분야에 정통한 전문가로부터 조언을 받을 수 있으며 대한무역진흥공사의 전 세계 지사망은 해외시장정보를 입수하고 신규시장을 개척하는 창구로 이용할 수 있다. 또한 한국수입업협회에서 수시로 개최하는 외국상무관이나 수출업체와의 미팅을 통해 신규수입처를 개척할 수도 있다.

각 무역기관별로 제공하는 서비스 내역은 다음과 같다.

🏠 한국무역협회(http://www.kita.or.kr)

거래알선 관련정보 제공, 해외유명 전시회 참가를 지원하는 등의 해외시장 개척활동 지원, 수출상품 홍보지 발간, 해외시장 개척기금 융자지원, 종합무역정보서비스(KOTIS) 제공, 정보자료실 운영, 무역상담실 운영, 바이어 발굴, 금융ㆍ외환ㆍ관세 등 무역관련 애로사항 해결, 통역ㆍ번역, 바이어 상담지원, 클레임처리, 무역서류 작성, 우대금융 및 외환수수료 경감서비스, 수출유망상품 인큐베이팅사업 등 토털서비스를 제공하는 무역지원실 운영, 무역인력 양성을 위한 무역아카데미 등을 운영한다.

🏠 **대한무역진흥공사(http://www.kotra.or.kr)**

KOTRA 해외무역관을 해외지사를 보유하고 있지 않은 국내 중소기업의 지사로 활용할 수 있도록 하는 지사화사업, 해외시장 개척단 파견, 수출구매 상담회 개최, 벤처기업 수출지원, 부품소재 해외시장 진출지원, 해외시장 조사대행, 해외업체 신용조사, 거래알선, 수출현안 조사자료 발간, 해외지역 및 상품시장 동향조사, 무역자료실 등을 운영한다.

🏠 **한국수입업협회(http://www.koima.or.kr)**

해외우량거래처 및 품목발굴서비스, 해외통상 사절단 파견, 무역인재 양성을 위한 무역연수교육 실시, 구인구직 알선을 위한 인재뱅크 운영, 무역상담실 등을 운영한다.

각 무역기관의 웹사이트를 방문하면 보다 구체적인 서비스 내용과 이용방법을 확인할 수 있다. 이밖에도 중소기업진흥공단(http://www.sbc.or.kr)에서는 무역전문인력 부재로 수출에 어려움을 겪고 있는 중소기업을 위해 무역전문인력으로 구성된 수출자문위원을 중소기업 현장에 직접 투입하여 무역 및 금융관련 수출자문을 무료로 제공해준다.

인터넷 활용 방안

인터넷이야말로 잘만 활용하면 시간과 장소에 구애받지 않고 무역업무를 처리하는 데 큰 도움을 받을 수 있다. 거래알선 사이트에 접속해서 각종 거래알선 자료들을 입수하고 국내외 포털사이트의 검색기능을 활용해서 각종 무역정보 및 아이템이나 국내외 거래처에 관한 자료를 입수하는 등 그야말로 무역 전반에 걸쳐 필요한 정보나 자료를 구하는 통로로서 인터넷의 활용가치는 무궁무진하다. 인터넷을 통해서 처리하거나 구할 수 있는 주요한 업무와 자료는 다음과 같다.

🏠 해외거래처 발굴

거래알선 사이트에 접속해서 해외수출입업자들이 올린 거래희망 메시지를 보고 거래제의를 하거나 자신이 직접 거래희망 메시지를 올려서 해외거래처를 발굴한다. 특정 아이템의 해외거래처를 찾으려면 해외검색사이트의 검색창에 아이템명을 입력해서 해당 아이템을 취급하는 업체들의 웹사이트 주소를 확인한 후 직접 접속하면 된다.

🏠 국내거래처 발굴

국내검색사이트의 검색창에 아이템명을 입력해서 해당 아이템을 취급하는 업체들을 찾아내거나 아이템별로 조합이나 협회 등의 관련 단체 웹사이트에 접속해서 소개를 요청한다.

🏠 특정 아이템에 관한 자료

국내외 검색사이트의 검색창에 아이템명을 입력해서 관련자료를 수집한다.

🏠 무역상담

한국무역협회를 위시한 무역관련기관이 운영하는 웹사이트의 온라인 상담실을 이용하여 수출입절차, 대금결제, 운송물류, 통관·관세환급, 무역클레임, HS상품분류 등과 같은 무역 전반에 걸친 질문을 올리면 전문가의 답변을 얻을 수 있다.

🏠 무역관련 서비스업체 검색

수출입업무를 대행해주는 무역대행업체는 '무역대행', 운송업무를 대행해줄 포워더는 '복합운송', 통관업무를 대행해 주는 관세사는 '관세사', 해상적하보험회사는 '적하보험'이라는 검색어를 사용해서 찾아 낼 수 있다.

🏠 무역통계자료

아이템별, 국가별 수출입현황 등 각종 무역관련 통계자료는 무역협회 사이트(www.kita.net)를 통해서 구할 수 있다.

🏠 무역교육

무역협회에서 운영하는 무역아카데미(www.tradecampus.co)에서 무역실무와 외국어와 관련한 다양한 강의를 수강할 수 있다.

🏠 무역서식

무역협회나 외국환은행 웹사이트에서 다양한 무역서식을 다운받을 수 있다.

🏠 세무관련 업무

국세청 웹사이트(www.nts.go.kr)에 접속하면 세금과 관련한 각종 정보 및 자료는 물론 세무신고에 필요한 각종 서식까지 구할 수 있다.

🏠 무역용어 및 절차에 관한 설명

생소한 무역용어나 절차가 나오면 국내 검색사이트 검색창에 해당 용어나 절차명을 입력해서 해당 용어나 절차에 대한 설명이 담긴 웹페이지를 검색할 수 있다.

앞서 살펴보았듯이 무역과 관련한 웬만한 자료는 모두 인터넷에서 구할 수 있을 정도로 인터넷의 위력은 막강하다. 따라서 인터넷을 잘만 활용하면 남보다 시간과 비용을 절약하면서 효율적으로 무역업무를 수행할 수 있으며 그러기 위해서는 무역업무를 처리하는 과정에서 문제에 부닥칠 때마다 인터넷을 통해서 해답을 구하는 습관을 들이는 것이 좋다. 인터넷이야말로 남에게 아쉬운 소리 하지 않고 무역업무 전반에 걸쳐서 다양한 도움을 받을 수 있는 곳이라는 것을 기억해 두자.

맺음말

　원래 이 책을 쓰기 전에 다른 원고를 준비하고 있었다. 무역에 관심이 있는 사람들에게 보다 알기 쉽게 무역에 입문하는 과정을 보여주기 위해서 내가 실제로 처음 무역에 입문해서 외국의 거래처를 만나고 거래를 터 나가는 과정을 일종의 창업수기 형태로 소개하는 것이었다. 나의 생각으로는 딱딱한 무역이론보다는 실제로 무역에 입문해서 자리를 잡기까지의 과정을 가감 없이 전달하는 것이 새로 무역에 입문하려는 사람들에게 좀 더 도움이 될 것 같았다.

　오래전의 기억을 되살려 처음에 사무실을 구하러 다닐 때의 시시콜콜한 얘기부터 시작해서 무역상으로 자리를 잡기까지의 과정을 써 나가던 중 독자로부터 무역실무를 체계적으로 배울 수 있는 책을 소개해달라는 메일을 받았다. 일단 무역에 입문하기로 결심은 하였지만 무역에 대해서 너무 아는 것이 없어서 우선 책으로라도 무역실무에 대한 지식을 쌓아야겠다는 것이었다.

　마침 서점에 들를 일이 있어 서가에 진열되어 있는 무역실무 책들을 이것저것 뒤적거려보았으나 실무를 위한 무역실무서라기보다는 학문이나 시험을 위한 일종의 참고서라는 느낌을 지울 수가 없었다. 나도 대학에서 부전공으로 무역을 공부해서 무역실무를 공부한 적이 있지만 그

당시 공부했던 수많은 용어 중에서 실제로 무역현장에서 사용한 것은 극히 일부분에 지나지 않았던 기억이 새로웠다.

결국 실제로 무역현장에서 뛴 경험을 바탕으로 실제로 무역거래를 하는 데 필요한 실무지식을 소개할 책이 필요하다는 결론에 도달해서 그동안 쓰고 있던 창업수기를 중단한 채 새로운 형태의 무역입문서를 쓰기 시작했다. 철저하게 실무 위주로 내용을 꾸미다 보니 기존에 출판된 무역실무 책과는 여러모로 다른 모습을 하게 되었다.

솔직히 말하자면 나는 무역실무란 책으로 공부할 것이 아니라 실제로 무역업무를 처리하면서 배우는 것이 가장 바람직하다는 생각을 갖고 있다. 실제로 부딪쳐보면 아무것도 아닌 것을 글로 설명하다 보면 공연히 복잡해지고 무슨 소린지 이해가 되지 않는 경우가 허다하다. 이 책을 읽으면서도 이해가 되지 않는 부분이 있을지도 모르지만 크게 염려할 일은 아니다. 실무에서 한 번만 경험해보면 그대로 자기 것이 될 것이기 때문이다.

그렇다고 무역을 만만하게 보아서는 안 된다. 이 책에서 일관되게 무역이 쉽다고 주장한 것은 무역 일 자체가 쉽다는 것이지 무역으로 성공하고 돈을 벌기가 쉽다는 뜻은 결코 아니다. 막연히 잘 될 것이라는 희망만 가지고는 결코 살아남을 수 없는 곳이 이 바닥이기도 하다. 누구나 무역을 할 수는 있지만 아무나 무역상으로 자리를 잡는 것은 아니다. 이 책을 읽는 모든 분들의 행운을 빈다.

부록

주제별 무역용어 해설

이 책의 여러 곳에서, 무역실무 책에 나오는 무역용어 중에는 실무에서 거의 사용되지 않는 용어들이 많으므로 미리 무역실무 책에 나오는 용어들을 완벽하게 익힌 다음에 실무에 나서기보다는 기본적인 용어만 이해하고 모르는 용어가 나오면 그때 가서 따로 확인해도 늦지 않다는 것을 강조한 바 있다. 아울러 실무에서 자주 쓰이는 기본적인 무역용어에 대해서 설명하고 실전사례를 통해서 이들 용어가 실제로 어떻게 사용되는지를 보여준 바 있다.

이렇게 실제로 무역업무를 수행하는 데 꼭 알아두어야 할 무역용어가 그다지 많지 않다는 것을 아무리 강조해도 새로 무역에 입문하는 사람들 중에는 혹시 용어를 몰라서 일을 그르치지는 않을까 하는 걱정이 앞서서 무역실무 책에 끝없이 나열되어 있는 생소한 용어들과 씨름하다가 제풀에 지쳐서 중도에 포기해 버리는 경우가 많다.

이런 사람들의 막연한 두려움을 없애주기 위해서 무역실무와 관련된 용어들을 주제별로 정리해서 간략한 해설과 함께 소개하기로 한다. 용어는 국문(國文)을 먼저 표기하는 것을 원칙으로 하였으나 국문명칭이 없거나 실무에서 영문(英文)명칭의 사용이 일반적인 경우는 영문을 먼저 표기하였다. 여기에 소개한 용어 중에도 개개인의 거래방식이나 형태에 따라 평생 한 번도 마주치지 않을 용어들이 다수 포함되어 있을 수도 있다. 또 아주 드물게나마 여기 소개되지 않은 용어와 만나는 경우도 있을 수 있다.

하지만 이 책의 주 독자층으로 예상되는 개인무역업자들로서는 본문에 나오는 정도의 무역용어만 익혀도 웬만한 무역거래를 처리하는 데 어려움이 없을 것이다. 여러 가지 여건상 개인무역업자들이 선택할 수 있는 거래방식이나 계약조건에는 상당한 제약이 따르기 때문이다.

따라서 여기에 소개된 무역용어들도 미리 완벽하게 자기 것으로 만들려고 애쓰지 말고 한두 번 훑어본 후에 업무를 처리해나가는 과정에서 모르는 용어가 나오면 참조하는 식으로 활용할 것을 권한다.

무역일반

- **위탁가공무역**　해외공장에 원료를 공급해주고 물품을 가공토록 한 후 가공된 물품을 수입하거나 다른 외국으로 수출하는 것
- **중계무역**　제삼국에서 생산된 물건을 구입하여 또 다른 제삼국으로 수출하는 것
- **중개무역**　자신이 직접 수출입거래를 하지 않고 제삼국의 수출자와 수입자간의 거래를 중개해주고 수수료를 취하는 것
- **거래조건(Trade Terms)**　수출자와 수입자간의 무역거래에 따르는 비용과 위험부담을 명확히 하기 위한 조건
- **결제방식(Payment Methods)**　무역거래에 따르는 물품대금의 지급방식

- **신용장(Letter of Credit)**　바이어를 대신하여 바이어의 거래은행에서 수출자에게 수출대금의 지급을 약속하는 증서
- **선적서류(Shipping Documents)**　선적사실을 확인하고 물품을 찾을 수 있도록 수출자가 수입자에게 보내주는 서류로서 상업송장(Commercial Invoice), 포장명세서(Packing List), 선하증권(Bill of Lading) 등이 있음
- **오퍼(Offer)**　수출자가 수입자에게 수출할 물건의 명세, 가격, 납기 등의 제반 거래조건을 제시하는 것
- **물품매도확약서(Offer Sheet)**　오퍼의 내용을 명시하여 발행하는 서식
- **오퍼상(Commission Agent)**　외국의 수출업자를 대신해서 국내수입업자에게 오퍼를 발행하는 업을 주로 하면서 부수적으로 수출알선도 겸하는 무역에이전트
- **바잉오피스(Buying Office)**　외국의 수입업자를 대신해서 국내 수출물품의 구매를 관리하는 무역에이전트
- **Proforma Invoice(견적송장)**　수출자가 수입자와 합의한 계약조건을 명시하여 발행하는 서식
- **Purchase Order(주문서)**　수입자가 수입할 물품의 명세와 계약조건을 명시하여 발행하는 문서
- **샘플오더(Sample Order)**　수입판매 가능성을 타진하고 시장조사의 목적으로 소량의 물건을 주문하는 것
- **시험오더(Trial Order)**　물건을 직접 시장에 판매하면서 소비자들

의 반응을 살펴보기 위해서 일정규모의 물량을 주문하는 것. 통상
적으로 샘플오더보다 규모가 크기 마련임

● **본오더(Main Order)** 시험오더해서 시장에 판매해본 결과 시장성
이 확인된 물건을 본격적으로 주문하는 것

● **재오더(Repeat Order)** 한 번 주문했던 물건을 다시 주문하는 것

● **구매확인서** 수출자가 국내공급자로부터 구매하는 원자재 또는 완
제품이 수출용 원자재 또는 완제품이라는 사실을 외국환은행이 증
명하는 서식

● **OEM(주문자상표부착방식)** Original Equipment Manufacturing
의 약자로서 주문자가 지정하는 상표로 물건을 생산하여 수출하는 것

● **통관(Customs Clearance)** 무역관련법령에 의거 물품의 수입과
수출에 따른 각종 규제사항을 확인하고 관세를 부과하기 위한 세관
의 통과절차

● **관세환급** 수입시 징수한 관세를 특정한 요건에 해당하는 경우에
전부 또는 일부를 되돌려 주는 것. 주로 수출품의 제조에 사용한 원
재료를 수입할 때 납부한 관세를 되돌려주는 것을 일컬음

● **소요량 증명서** 무역금융이나 관세환급을 받기 위해서 수출품을 생
산하는 데 필요한 원자재의 양을 확인하여 발급하는 증명서

● **병행수입(Parallel Import)** 원산지의 제조업자로부터 직접 수입하
지 않고 유통시장에서 구입하여 수입하는 것

● **클레임(Claim)** 계약당사자 중 한쪽에서 계약을 제대로 이행하지
않았을 때 피해자가 상대방에게 손해보상을 청구하는 권리 또는 손

해배상을 요구하는 것

🗁 거래조건

- **EXW(공장인도조건)** Ex Works의 약자로서 매도인의 구내 또는 작업장, 공장, 창고 등과 같은 지정된 장소에서 수출통관을 하지 않은 물품을 인도하는 조건

- **FCA(운송인인도조건)** Free Carrier의 약자로서 매도인의 구내 또는 다른 지정된 장소에서 매수인이 지정하는 운송인에게 수출통관이 완료된 물품을 인도하는 조건

- **FAS(선측인도조건)** Free Alongside Ship의 약자로서 지정된 선적항에서 매수인이 지정한 본선의 선측에서 물품을 인도하는 조건

- **FOB(본선인도조건)** Free On Board의 약자로서 지정된 선적항에서 매수인이 지정한 본선에 물품을 적재하여 인도하는 조건

- **CFR(운임포함인도조건)** Cost and Freight의 약자로서 선적항에서 물품을 적재하여 인도하고 지정된 목적항까지의 운임을 매도인이 부담하는 조건

- **CIF(운임보험료포함인도조건)** Cost, Insurance and Freight의 약자로서 선적항에서 물품을 적재하여 인도하고 지정된 목적항까지의 운임과 보험료를 매도인이 부담하는 조건

- **CPT(운송비지불인도조건)** Carriage Paid To의 약자로서 매도인이 지정한 운송인에게 물품을 인도하고 지정된 목적지까지의 운송비를 매도인이 부담하는 조건

- CIP(운송비보험료지불인도조건)　Carriage and Insurance Paid to
  의 약자로서 매도인이 지정한 운송인에게 물품을 인도하고 지정된
  목적지까지의 운송비와 보험료를 매도인이 부담하는 조건
- DAT(터미널인도조건)　Delivered At Terminal의 약자로서 지정된
  터미널에 도착한 운송수단에서 물품을 내려서 매수인에게 인도하
  는 조건
- DAP(목적지인도조건)　Delivered At Place의 약자로서 지정된 목
  적지에 도착한 운송수단에서 물품을 내리지 않은 상태로 매수인에
  게 인도하는 조건
- DDP(관세지급인도조건)　Delivered Duty Paid의 약자로서 수입통
  관된 물품을 지정된 목적지에 도착한 운송수단에서 내리지 않은 상
  태로 매수인에게 인도하는 조건

📁 결제방식

- **신용장 결제방식**　은행에서 발행하는 신용장(Letter of Credit)에 의
  해서 결제하는 방식
- **전신환(T/T)송금방식**　은행을 통해서 전신환(Telegraphic Transfer;
  T/T)으로 송금하는 결제방식
- **사전송금방식**　물건이 선적 또는 인도되기 전에 미리 물품대금을 송
  금하는 방식
- **사후송금방식**　물건이 선적되거나 인도된 후에 물품대금을 송금하

는 방식

- COD(Cash On Delivery)　물품의 인도와 상환하여 물품대금을 지급하는 방식
- CAD(Cash Against Documents)　선적서류와 상환하여 물품대금을 지급하는 방식
- **추심결제방식**　수출자가 물품을 선적한 후 은행을 통해 추심으로 결제하는 방식으로 D/P와 D/A로 나뉘어진다.
- D/P(Documents Against Payment)　수입자가 물품대금을 지급하고 선적서류를 인수하는 방식
- D/A(Documents Against Acceptance)　수입자가 선적서류를 인수하고 일정기간 후에 물품대금을 지급하는 방식

📁 신용장

- **취소불능신용장(Irrevocable L/C)**　당사자 전원의 동의가 없이는 취소가 불가능한 신용장
- **일람불신용장(At Sight L/C)**　선적서류 제시 즉시 대금이 결제되는 신용장
- **기한부신용장(Usance L/C)**　수입자의 입장에서 볼 때 선적서류 인수 후 일정기간 후에 대금을 결제하는 신용장
- Shipper's Usance L/C　수출자가 신용을 공여하는 기한부 신용장
- Banker's Usance L/C　수입자의 거래은행에서 신용을 공여하는 기한부 신용장

- **양도가능신용장(Transferable L/C)**　신용장 금액의 일부 또는 전부를 제삼자에게 양도할 수 있는 신용장

- **확인신용장(Confirmed L/C)**　개설은행과 별도로 확인은행이 신용장에 명시된 대금의 지급을 확약하는 신용장

- **회전신용장(Revolving L/C)**　동일한 수출자로부터 동일한 물품을 반복해서 수입할 경우 이미 사용된 신용장을 동일한 조건의 새로운 신용장으로 자동적으로 소생시키는 신용장

- **동시개설신용장(Back to Back L/C)**　수출자가 신용장을 받은 날로부터 일정한 기일 내에 수입자에게 Counter L/C를 개설해야 신용장이 유효하다는 조건을 단 신용장

- **기탁신용장(Escrow L/C)**　수출대금을 수출자와 수입자가 합의한 Escrow 계정에 예치한 후 수출자가 수입자에게 Counter L/C를 발급하고 그 결제자금으로만 인출할 수 있도록 하는 신용장

- **견질신용장(Back to Back L/C)**　신용장의 수익자가 원신용장을 담보로 개설하는 제3의 신용장

- **토마스신용장(Tomas L/C)**　동시개설신용장과 같으나 언제까지 Counter L/C를 개설하겠다는 내용의 보증서를 제출하도록 한 신용장

- **보증신용장(Stand-by L/C)**　물품거래와 상관없이 순수한 보증목적으로 사용되는 신용장

- **선대신용장(Red-Clause L/C)**　신용장개설 의뢰인의 요청에 따라 수출업자에게 수출대금의 일부 또는 전부를 선적서류 제출 이전에

미리 지급받을 수 있도록 허용하는 신용장

- **내국신용장(Local L/C)** 수출자가 수취한 신용장을 근거로 국내의 수출용 원자재나 완제품 공급자 앞으로 발행하는 신용장
- **원수출신용장(Master L/C)** 내국신용장과 대비하여 수출자가 수취한 원래의 신용장을 일컬음
- **개설의뢰인(Applicant)** 물품을 수입하기 위해 자신의 거래은행에 신용장 개설을 의뢰하는 수입자
- **수익자(Beneficiary)** 신용장에 의거해 수출을 이행하고 은행으로부터 신용장대금을 지급받는 수출자
- **개설은행(Issuing Bank)** 수입자의 요청에 의해 신용장을 개설해주는 은행
- **통지은행(Advising Bank)** 개설은행으로부터 신용장을 접수하여 수출자에게 통지해주는 은행
- **확인은행(Confirming Bank)** 개설은행과 별도로 신용장에 명시된 대금의 지급을 확약하는 은행
- **매입은행(Negotiating Bank)** 수출자로부터 신용장상에 명기된 선적서류를 매입하고 수출대금을 지급해주는 은행
- **지급은행(Paying Bank)** 개설은행으로부터 수익자에게 신용장대금을 지급해주도록 위탁받은 은행으로서 개설은행의 본지점이나 예치환거래은행이 됨
- **인수은행(Accepting Bank)** 수익자가 발행한 환어음의 조건이 기한부어음일 경우 해당 어음의 만기 때 어음을 인수하고 대금을 지

급하겠다고 약속하는 은행

- **상환은행(Reimbursement Bank)** 신용장개설은행의 예치환거래
  은행으로서 개설은행의 지시에 따라 매입은행에게 신용장대금을
  지급해주는 은행을 뜻하며 일명 결제은행(settling bank)이라고도 함
- **네고(Negotiation)** 매입은행에서 수출자로부터 선적서류를 매입
  하고 수출대금을 지급하는 것
- **Tenor of Draft** 신용장에 의거 발행하는 환어음의 지급기일
- **Latest Shipment** 최종 선적기한
- **E/D(Expiry Date)** 신용장의 유효기간
- **S/D(Shipping Date)** 선적일자
- **원산지(Origin)** 물품이 생산된 국가
- **선적지(Shipping Port)** 물건이 선적되는 곳
- **도착지(Destination)** 물건이 도착할 곳
- **신용장통일규칙** 신용장에 대한 각기 다른 해석으로 인해 발생하는
  분쟁에 대비하기 위해서 국제상업회의소(International Chamber of
  Commerce)에서 제정한 신용장의 해석기준

📁 선적서류

- **상업송장(Commercial Invoice)** 물품명세서와 대금청구서의 용도
  로 수출자가 발행하는 서식으로서 물품의 명세, 수량, 단가 및 총
  금액을 표시
- **Description** 물건의 명세

- Quantity 물건의 양
- Unit Price 물건의 단가
- Amount 물건의 총액
- **포장명세서(Packing List)** 물품의 포장명세, 무게, 부피 등을 표시한 포장내역서
- Net Weight 물건의 순중량
- Gross Weight 물건의 순중량에 포장용기의 중량을 합한 중량
- Measurement 물건의 부피
- CBM(Cubic Meter) 가로, 세로, 높이가 각각 1m일 때의 부피단위
- B/L(Bill of Lading) 선박회사 혹은 포워더가 발행하는 해상화물운송장으로서 선하증권이라고 부름
- Original B/L 흔히 '오비엘'이라고 부르는 선하증권의 원본
- Master B/L 선박회사에서 포워더에게 발행하는 B/L
- House B/L Forwarder B/L이라고도 불리며 Master B/L을 근거로 포워더가 화주에게 발행하는 B/L
- Third Party B/L B/L상의 선적인이 계약당사자가 아닌 제3자가 되는 것
- Stale B/L 신용장에 명시된 제시시한이 경과한 B/L
- AWB(Airway Bill) 항공회사에서 발행하는 항공화물운송장
- **보험증권(Insurance Policy)** 보험회사에서 발행하는 손해보장확인증서
- **원산지증명서(Certificate of Origin)** 물품의 원산지를 확인하기 위

해서 수출국의 상공회의소나 관련 관공서에서 발급하는 증명서

- **검사증명서(Inspection Certificate)** 수입자가 지정하는 검사기관에서 수출품 선적 전에 수출품의 품질이나 수량을 검사하고 이상이 없음을 확인해주는 증명서

📁 포장

- **Individual Packing** 개별 물품에 대한 포장
- **Inner Packing** 개별물품을 일정량씩 포장하는 중간포장
- **Export Packing** 수출용포장
- **Export Carton Box** 수출포장용 카튼박스
- **화인(Shipping Mark)** 화물의 포장박스 표면에 수입자의 상호, 도착항, 아이템번호, 포장일련번호, 원산지 등을 표기하는 것

📁 운송

- **수하인(Consignee)** B/L상에 명시된 화물의 수취인
- **통지인(Notify Party)** 선박회사나 포워더가 화물의 도착을 통보해주는 통지처
- **복합운송주선업자(Forwarder)** 운송과 관련된 모든 업무를 일괄해서 대행해주는 업체
- **D/O(화물인도지시서)** Delivery Order의 약자로서 선주나 그 대리점으로부터 본선의 선장 앞으로 발행된 화물인도지시서
- **S/O(선적지시서)** Shipping Order의 약자로서 선박회사에서 화물

을 선박에 적재하여 목적지까지 운송할 것을 선장에게 지시하는 선
적지시서

- **S/R(선복신청서)** Shipping Request의 약자로서 선박회사에 화물
을 선적할 공간을 요청하는 선복신청서

- **M/R(본선인수증)** Mate's Receipt의 약자로서 일등항해사가 화물
수령의 증거로 발행하는 본선인수증

- **Clean B/L** 선적지시서에 기재된 내용과 화물이 일치하고 포장에
이상이 없어 선하증권상에 아무런 하자 표시가 들어 있지 않은 무
하자 선하증권

- **Unclean B/L** 화물의 수량 및 성질 등에 하자가 있을 경우 선하증
권상에 하자 표시를 한 하자선하증권

- **L/I(파손화물보상각서)** Letter of Indemnity의 약자로서 하자물품
을 선적할 경우에 Clean B/L을 받기 위해서 Shipper가 선박회사
에 책임을 전가시키지 않겠다고 서약하는 파손화물 보상각서

- **도착통지(Arrival Notice)** 포워더가 선박의 도착 스케줄을 화주에
게 통보해주는 것

- **선적통지(Shipping Notice)** 수출자가 수입자에게 선적스케줄을
통보하는 것

- **L/G(수입화물선취보증서)** Letter of Guarantee의 약자로서 수입자
와 신용장개설 은행이 연대하여 선박회사에 선하증권 원본이 도착
하는 대로 이를 제출할 것과 선하증권 원본 없이 물건을 인도 받는
데 따른 모든 문제에 대해서 선박회사에게 책임을 지우지 않겠다고

보증하는 서류

- **T/R(수입담보화물대도)** Trust of Receipt의 약자로서 수입자가 물품대금을 지급하기 전에 은행이 담보권을 확보한 상태에서 수입자에게 수입물품을 통관해서 처분할 수 있도록 허용하는 것
- **FCL(Full Container Load)** 단독으로 컨테이너를 채울 수 있는 화물
- **LCL(Less than Container Load)** 단독으로 컨테이너를 채울 수 없어서 다른 화주의 화물과 함께 실어야 하는 화물
- **CY(Container Yard)** 컨테이너 야적장
- **CFS(Container Freight Station)** LCL화물을 접수하고 인도하는 장소
- **Freight Collect** 운송이 완료된 후에 운임을 받는 것
- **Freight Prepaid** 운송 전에 운임을 미리 받는 것
- **ETD(Estimated Time of Departure)** 예상 출항일자
- **ETA(Estimated Time of Arrival)** 예상 도착일자
- **분할선적(Partial Shipment)** 물건을 두 차례 이상 나누어 싣는 것
- **환적(Transshipment)** 물건을 선적항에서 도착항까지 같은 선박으로 운송하지 않고 중간 기착지에서 다른 선박에 옮겨 싣는 것

📁 통관

- **관세(Customs Duty)** 수입물품에 대해 과세하는 세금
- **HS(Harmonized System)** 무역서류와 통계자료의 통일성을 기

하고자 관세협력 이사회가 작성한 아이템별 고유번호체계

- **HSK(The Harmonized System of Korea)** HS를 우리나라의 실정에 맞게 보완한 것
- **수출신고(Export Declaration)** 외국에 수출하는 물건의 명세와 거래조건 등을 세관장에게 서면으로 신고하는 것
- **수입신고(Import Declaration)** 외국으로부터 수입하는 물건의 명세와 거래조건 등을 세관장에게 서면으로 신고하는 것
- **보세구역(Bonded Area)** 외국에서 수입한 물건을 수입신고수리 미필상태로 반입·장치·가공·전시·판매하는 구역
- **보세운송(Bonded Transportation)** 외국에서 수입한 물건을 통관수속을 밟지 않고 보세구역으로 운송하는 것

보험

- **적하보험** 운송 중에 발생하는 물품의 분실이나 파손을 보상해주는 보험
- **수출보험** 거래상의 위험을 보상해주는 보험
- **Insurer** 보험자 즉 보험회사
- **Insured** 피보험자 즉 보험에 드는 자
- **Insured Amount** 보험금액
- **Insured Premium** 보험료
- **Insurance Policy** 보험증권
- **전손(Total Loss)** 물건의 전부가 멸실되거나 손상 정도가 심해서

구조나 수리비가 보험에 든 금액보다 큰 경우

- **현실전손**(Actual Total Loss)　물건이 현실적으로 존재할 수 없을
  정도로 심한 손상을 입거나 멸실된 경우

- **추정전손**(Constructive Total Loss)　물건이 손실 또는 손상되어
  수리비용, 보험금이 수리 후의 화물의 가치를 초과하여 전손으로
  추정될 정도의 손해를 입은 경우

- **분손**(Partial Loss)　물건의 일부만이 손상된 경우

- **단독해손**(Particular Average)　손해를 입은 구성원의 단독 부담
  으로 돌아가는 손해

- **공동해손**(General Average)　해상에서 위험에 처한 선박을 구하
  기 위해서 일부를 희생시킴으로써 발생한 손해를 공동으로 부담하
  는 것

중앙경제평론사
중앙 생 활 사

Joongang Economy Publishing Co./Joongang Life Publishing Co.

중앙경제평론사는 오늘보다 나은 내일을 창조한다는 신념 아래 설립된 경제 · 경영서 전문 출판사로서 성공을 꿈꾸는 직장인, 경영인에게 전문지식과 자기계발의 지혜를 주는 책을 발간하고 있습니다.

당신도 무역을 할 수 있다 〈최신 개정판〉

초판 1쇄 발행 | 2003년 1월 25일
초판 8쇄 발행 | 2006년 4월 20일
개정초판 1쇄 발행 | 2008년 12월 15일
개정초판 3쇄 발행 | 2010년   8월 13일
개정2판 1쇄 발행 | 2012년   3월 22일
개정2판 3쇄 발행 | 2014년 12월 15일

지은이 | 이기찬(Keechan Lee)
펴낸이 | 최점옥(Jeomog Choi)
펴낸곳 | 중앙경제평론사(Joongang Economy Publishing Co.)

대   표 | 김용주
편   집 | 한옥수
기   획 | 이종무
디자인 | 조경미
마케팅 | 최기원
인터넷 | 김회승

출력 | 현문자현   종이 | 한솔PNS   인쇄 · 제본 | 현문자현

잘못된 책은 구입한 서점에서 교환해드립니다.
가격은 표지 뒷면에 있습니다.
ISBN 978-89-6054-089-7(13320)

등록 | 1991년 4월 10일 제2-1153호
주소 | ㉾100-826 서울시 중구 다산로20길 5(신당4동 340-128) 중앙빌딩
전화 | (02)2253-4463⒞ 팩스 | (02)2253-7988
홈페이지 | www.japub.co.kr 블로그 | http:// blog.naver.com/japub 이메일 | japub@naver.com
♣ 중앙경제평론사는 중앙생활사 · 중앙에듀북스와 자매회사입니다.

▶ 홈페이지에서 구입하시면 많은 혜택이 있습니다.

※ 이 도서의 국립중앙도서관 출판시도서목록(CIP)은 서지정보유통지원시스템 홈페이지(http://seoji.nl.go.kr)와 국가자료공동목록시스템(http://www.nl.go.kr/kolisnet)에서 이용하실 수 있습니다.(CIP제어번호: CIP2002000241)